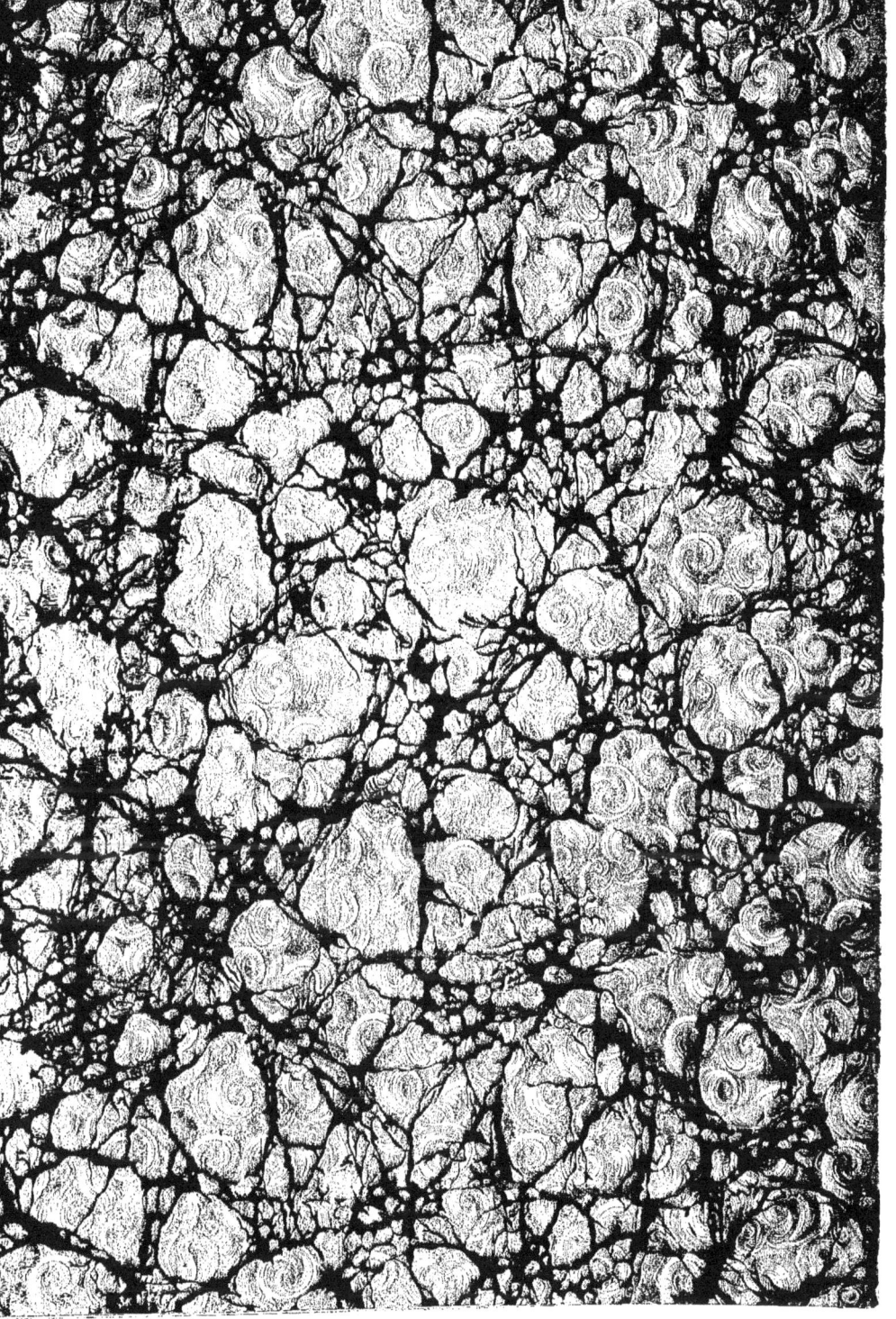

$\frac{90}{12}$

ÉMILE GUIMET

PROMENADES JAPONAISES
TOKIO-NIKKO

DESSINS

PAR

FÉLIX REGAMEY

PARIS

G. CHARPENTIER ET Cie, ÉDITEURS

13, RUE DE GRENELLE, 13

1883

PROMENADES JAPONAISES

I

YEDDO

Il est étonnant de voir avec quelle facilité le Japon s'est débarrassé de la puissante organisation féodale que les Shiogouns lui avaient donnée.

Le Mikado, descendant des dieux locaux, était relégué dans sa capitale sainte, dans la ville de Kioto, au milieu des temples, des parcs sacrés, entouré d'une cour de lettrés et d'artistes, gardé à vue par une ceinture de hautes montagnes qui le séparaient des provinces japonaises.

Les Shiogouns avaient abandonné Kamakoura où ils se trouvaient resserrés entre la mer et les rochers. Ils s'étaient installés à Yeddo, ville industrieuse, située dans une plaine qui lui permettait de s'étendre et de grandir, desservie par un fleuve énorme, par de nombreux canaux et par la mer infinie.

Sept collines naturelles, comme à Rome, dominaient la ville. La plus considérable fut fortifiée, entourée d'immenses fossés, et devint la résidence imprenable du grand ministre japonais. Les autres se couronnèrent de jardins et de temples.

Des routes pavées à l'antique d'immenses blocs de granit mettaient cette capitale en relation avec le pays tout entier.

Chaque province avait son seigneur, son *daïmio,* aux ordres du Shiogoun, et, grâce à ces chefs, le Japon suivait l'impulsion donnée sans cesse par le grand ministre militaire, par ce souverain de seconde catégorie.

C'était au point que les étrangers, les Européens surtout, prenaient le Mikado pour un pape, et supposaient que le Shiogoun était l'empereur effectif. Les Coréens, les Hollandais l'appelaient *Taïkoun,* ce qui veut dire *grand Seigneur*.

Tout d'un coup, le Mikado se réveilla. Effrayé sans doute par les nouveaux principes d'une civilisation qui s'imposait, averti par l'arrivée des Russes, le débarquement des Américains, l'intervention des Anglais et des Français, il descendit de son Olympe et voulut prendre la direction des affaires. Ces idées nouvelles, qui envahissaient le pays jusqu'alors fermé, n'étaient possibles à ses yeux que présentées par une inspiration des êtres surnaturels qui président sans cesse aux destinées du grand Nippon.

Et il dit au Taïkoun :

« Il faut vous en aller ! »

Le Taïkoun résista. Il fut brisé.

Le ministre vaincu vit maintenant retiré dans ses terres de Shizoka, remplaçant la guerre par la chasse et l'administration qui lui manque

Le Siro.

par l'organisation d'écoles nombreuses, préoccupation féconde du nouveau Japon.

Le Mikado, en reprenant à son ministre les pouvoirs que des siècles lui avaient donnés, eut soin de profiter de la forte situation créée par les Shiogouns, et, au plus vite, il vint s'installer dans le *Siro,* le château fort d'Yeddo.

Kioto ne fut plus qu'une capitale hors de service; la vieille métropole fut autorisée à faire valoir ses droits à la retraite. Yeddo devint la nouvelle ville impériale, et, pour qu'on puisse bien constater le changement opéré dans le sort de ces deux cités, un décret supprima le nom d'Yeddo et déclara que la résidence du Mikado s'appellerait désormais *Tokio,* la capitale de l'Est par opposition à Kioto, la capitale de l'Ouest (*Saï-Kioo*).

De sorte que Yeddo n'existe plus. Du jour au lendemain, la ville des Taïkouns fut supprimée, rayée des cartes géographiques, rayée des décrets, rayée de l'histoire, rayée du monde.

Mais Tokio resplendit.

Ne parlez plus à personne d'Yeddo, on ne vous comprendra pas. On aura des airs étonnés, on vous fera répéter le mot comme si l'on avait mal entendu.

« Yeddo? qu'est cela? Où prenez-vous Yeddo? Pourquoi parlez-vous d'Yeddo? Personne ne connaît Yeddo. Vous confondez sans doute avec quelque ville des mondes étrangers. »

Cette suppression subite d'une ville importante déroute un peu les nouveaux venus.

Les touristes — comme nous — qui ont pris la peine de se renseigner un peu sur le Japon avant d'y aborder, sont légèrement suffoqués de constater que personne ne connaît ici la capitale des Taïkouns.

On est tenté de supposer que, après les troubles politiques, la cité a été saccagée, rasée, brûlée peut-être, et qu'on a semé du riz sur son sol maudit.

Alors on insiste, on précise, on cherche à désigner le grand centre de population, tout près duquel Yokohama a pris naissance.

Et l'on apprend enfin qu'il n'y a eu ni ville détruite, ni incendie, ni pillage, mais un simple changement d'étiquette, modification officielle acceptée en une matinée par un peuple entier.

Donc c'est Tokio et plus du tout Yeddo.

Il est, par conséquent, bien entendu entre nous, que toutes les fois que nous dirons Tokio, ce sera Yeddo, et que, si nous ne disons pas Yeddo, c'est parce que c'est interdit, parce que c'est défendu sous les peines les plus sévères.

Nous allons, si vous le voulez bien, faire une tournée à... Tokio.

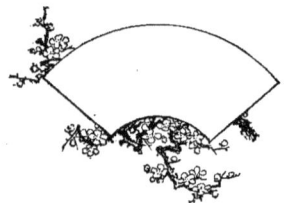

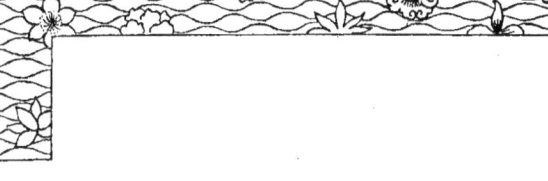

II

CHEMIN DE FER JAPONAIS

ous avions à faire à Tokio, le lendemain de notre arrivée, des visites officielles et nous étions un peu embarassés pour nous diriger sans guides, sans interprètes dans ces régions inconnues par nous.

Avez-vous remarqué que le hasard est parfois bien complaisant?

Notre ami M. P., de Lyon, entendant parler de notre projet d'aller à la capitale nous apprend que *justement* il ira *peut-être* à Tokio ce jour-là. Puis il s'informe du train que nous voulons prendre, — car un chemin de fer relie Yokohama à Tokio, — et, à l'heure dite, M. P... se trouve *par hasard* à la gare.

Pour bien comprendre l'importance de cette *coïncidence,* il est bon de savoir que M. P..., — je n'écris pas son nom pour ne pas trop le faire rougir, — est un des Français qui connaissent le mieux le Japon.

Il est de la catégorie des voyageurs qui s'imaginent que, lorsque l'on est dans un pays étranger, c'est une excellente occasion qu'on a là d'étudier ce pays. Or, cette catégorie, — chose curieuse, — n'est pas très nombreuse.

Parmi les Européens qui séjournent dans l'Extrême-Orient il y a ceux qui regardent, écoutent, apprennent. Et puis, ceux qui ne regardent pas, n'écoutent pas, n'apprennent rien.

Ceux qui se mettent au courant de la langue, recueillent les légendes, étudient les mœurs, pénètrent dans les usages, se font des amis indigènes, s'abandonnent au pays où ils sont. Et puis, ceux qui veulent trouver partout leur langue, leurs meubles, leurs mets, regardent comme non avenus les habitants qui les coudoient, ferment les yeux aux paysages, tournent le dos aux détails locaux et trouvent complètement ridicule tout ce qui n'est pas eux.

Eh bien, ces derniers font la masse.

C'est donc une chance heureuse pour nous d'avoir pour compagnon un représentant de la minorité.

Le chemin de fer a un petit air coquet fort agréable ; les employés, vêtus de coutil blanc, sont élégants et distingués ; les wagons, un peu étroits, sont commodes néanmoins et communiquent les uns aux autres comme en Amérique.

Tout cela est propre et bien tenu ; c'est un chemin de fer de salon.

Ce fut un grand évènement que le jour de l'inauguration de cette ligne. Le Mikado lui-même, le Mikado que personne n'avait encore entrevu, se révéla aux populations ; le Dieu vivant semblait descendre du ciel tout exprès pour prendre le train. C'était comme un hommage solennel rendu par les anciennes traditions aux divinités nouvelles qui mènent le monde ; la mythologie venait saluer la locomotive ; le shin-

Le Mikado inaugurant le premier chemin de fer construit au Japon.

toïsme consacrait les découvertes de la civilisation. On ne savait vraiment qui grandissait le plus dans cette fusion, l'Occident s'offrant à l'Orient ou l'Orient acceptant l'Occident.

Avant cette étrange journée, le souverain caché dans son palais de Kioto n'était vu par personne. De temps à autre, les grands du royaume se réunissaient devant une sorte de théâtre dont le rideau était baissé ; chacun prenait sa place suivant son grade, le grand ministre en tête. Derrière le rideau, l'empereur était assis sur une montagne de coussins.

Alors on soulevait un peu le rideau. Le premier ministre placé en avant voyait vaguement dans l'ombre un amas de riches étoffes, un pantalon et le bout des manches augustes.

Les grands du royaume ne voyaient que le trou par lequel le grand ministre voyait le pantalon.

Parfois un brillant cortège traversait la ville. Tous se prosternaient. Dans une chaise à porteur grillée se tenait accroupi un homme dont on n'apercevait que l'ombre, quand par hasard le soleil venait du côté opposé. On assurait que cette ombre était celle du Mikado.

Grande fut donc l'émotion quand l'empereur arriva en personne sur le bateau à vapeur qui l'amenait de Tokio pour débarquer à Yokohama, la ville des étrangers, et monter dans le wagon réservé.

Sa Majesté était coiffée de la mitre dorée, bonnet bizarre que seul le Mikado a le droit de porter. Sa robe de soie aux amples contours était d'un vert sombre avec des bambous et des oiseaux brodés en soie brune.

Les fonctionnaires étaient en robes et bonnets noirs.

Le voyage se passa sans accident.

Arrivés à la gare de Tokio, la cour monta à cheval et fit ainsi sa rentrée au palais impérial.

Ce fut, du reste, la dernière fois que le *Fils du ciel* mit en public le costume japonais ; il adopta aussitôt les modes européennes. Ce qui n'empêcha pas que, lorsqu'il retourna à Kioto pour y faire une visite, les habitants de la ville sainte se prosternèrent, frappèrent deux fois dans leurs mains comme on le fait devant les dieux et même lui jetèrent des gros sous dans du papier blanc ainsi qu'on en use là-bas avec les divinités. Si bien que l'empereur fut obligé le lendemain de promulguer un décret qui interdisait ces actes d'adoration réservés aux anciens dieux du pays.

Le tracé du chemin de fer est des plus simples. Il ne s'éloigne guère de la mer et traverse un pays richement cultivé, parsemé de collines sacrées couvertes d'arbres séculaires, égayé par des petits hameaux aux toits de chaume et par de nombreux bois de bambous.

De temps en temps, les grands *matsous* du Tokaïdo présentent tantôt à droite, tantôt à gauche, leurs silhouettes sombres, étranges, mouvementées et colossales.

Dans les champs, des travailleurs à peu près nus, protégés des ardeurs solaires par de grands chapeaux de paille. Dans les chemins, des promeneurs, aux longs vêtements bleus, abrités sous l'immense parasol en papier huilé qui fait dans le paysage des taches lenticulaires d'un jaune éclatant.

Quand on aperçoit la mer, on y voit se presser les barques de pêcheurs. L'animation est partout.

A chaque gare, de nombreux indigènes se hâtent de monter en voiture. La foule est bruyante et gaie. Les Japonais, qui de tout temps ont fort aimé les voyages et, sous prétexte de pèlerinages, trouvent moyen de connaître entièrement leur pays, les Japonais ont tout de suite adopté le chemin de fer.

Ce moyen de locomotion n'a à leurs yeux qu'un défaut : il est trop cher. Car les voyages qu'on fait à pied à travers le Japon ne coûtent presque rien.

Avant d'arriver à Tokio, nous descendons à Sinagava, vaste faubourg placé sur des collines qui dominent la mer. C'est là que d'anciens temples bouddhiques servent d'habitation à des légations étrangères.

Les djinrikis nous sollicitent pour prendre leurs véhicules ; malgré la chaleur nous irons à pied, car des choses intéressantes nous attendent sur la route.

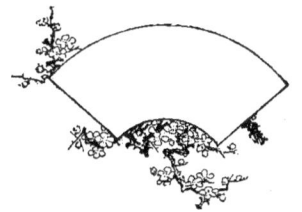

III

LES QUARANTE-SEPT FIDÈLES

C'est d'abord le temple de Singakoudji où se trouvent les tombes des quarante-sept *fidèles* (*roonin*) qui sont devenus légendaires et que la pièce du fameux littérateur Tchikamatsou Mouzaïmon (XVIIIe siècle) a rendus célèbres.

L'histoire mérite d'être racontée, car elle est pleine de détails de mœurs fort caractéristiques.

C'était en 1701. La cour du Shiogoun se préparait à recevoir l'envoyé du Mikado qui venait tous les ans à Yeddo apporter les ordres du souverain.

Il était d'usage que l'ambassadeur impérial fût reçu au palais et servi par les jeunes seigneurs de la cour, et cela, suivant des rites fort compliqués. Aussi le vieux Kira, le maître des cérémonies, était fort occupé à dresser ses élèves afin qu'aucune faute ne fût commise.

Les Japonais ont emprunté aux Chinois ce goût exagéré pour la politesse et ce culte du cérémonial; ils ont même dépassé leurs inspirateurs, car, pour eux, le caractère divin du Mikado ajoutait quelque chose de sacré à ces formules et le fait de bien recevoir un délégué du souverain était un acte religieux.

Kira attachait d'autant plus d'importance à l'étude de ces rites que d'ordinaire les jeunes seigneurs savaient reconnaître ses bons conseils par des présents généralement faits en monnaie bien sonnante.

Si bien que Kira, par amour pour la bonne exécution des cérémonies, était devenu intéressé, avare même, et, quand il lui arrivait de se fâcher contre ses nobles disciples, on ne savait trop si c'était par horreur du sacrilège ou par sympathie pour les cadeaux.

Or un jeune daïmio nouvellement débarqué à la cour fut désigné pour prendre part au service de l'ambassadeur; mais, mal renseigné sur les usages, il négligea de faciliter son éducation par la remise du présent obligatoire.

Kira ne fut pas content. Il tâcha de faire comprendre au malappris qu'il n'entendait rien à son rôle. Il le gronda, le molesta à chaque instant, le tourna en ridicule. Mais le pauvre Assano, — c'était le nom du jeune homme, — mit tout sur le compte de son inexpérience.

Enfin, le grand jour arrivait et l'argent ne venait pas. Kira voulut frapper un grand coup qui pût ouvrir les yeux de son élève ou tout au moins servir d'exemple aux récalcitrants de l'avenir.

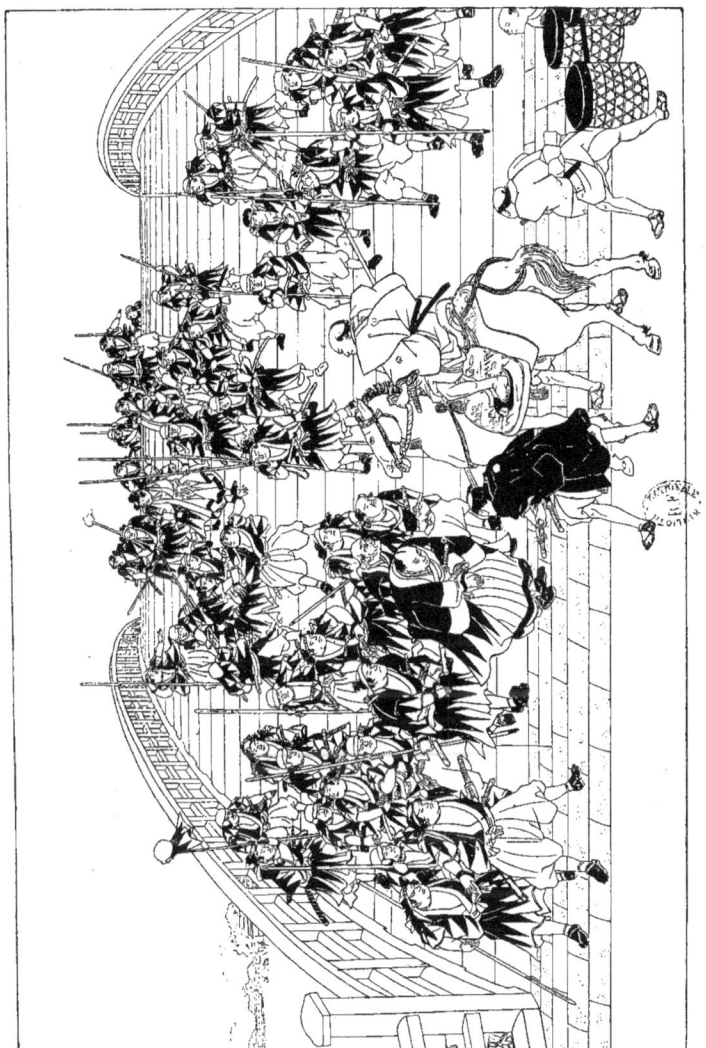

Les fidèles d'Assano arrêtés sur le pont de Rioogokou par un officier du gouvernement.

(Fac-simile d'un dessin japonais.)

Le matin même de la réception, profitant d'un moment où tous les daïmios étaient rassemblés, il interpella Assano et lui adressa les paroles les plus outrageantes.

Assano ne put se contraindre davantage, et, saisissant le plus petit de ses sabres, il en frappa Kira au front.

Ce dernier se mit à fuir, poursuivi à travers le palais par le jeune homme le sabre à la main. On parvint à retenir Assano par ses vêtements flottants.

Ce qui était grave dans cet incident, ce n'était pas l'insulte du vieillard cupide, ce n'était pas l'attaque du bouillant jeune homme, c'était le fait d'avoir tiré le sabre dans le palais. Cet acte contraire aux règles, contraire au respect qu'on devait au Shiogoun, dominait la situation et devait être puni avant tout.

On remit la réception à un autre jour. Assano reçut l'ordre de se retirer dans son yashiki (demeure seigneuriale) en attendant la punition de ses inconséquences. Et l'on s'occupa aussitôt du jugement.

Le cas était embarrassant. L'on comprenait bien que c'était l'avide Kira qui avait tort; mais les rites avaient été violés d'une manière si manifeste qu'Assano fut condamné à faire son harakiri, c'est-à-dire à s'ouvrir le ventre, et ses biens furent confisqués.

Lorsque les Keraïs (hommes d'armes) du condamné apprirent le jugement, ils s'affligèrent vivement et furent particulièrement exaspérés de voir que Kira, le promoteur de l'incident, restait impuni.

C'est alors que se forma le fameux complot des quarante-sept *roonins* ou quarante-sept fidèles qui jurèrent de venger leur maître.

Ils furent d'abord quarante-neuf, mais l'un d'eux mourut avant l'exécution de la vengeance et un autre disparut au moment de l'action.

Les chroniques racontent en détail les difficultés qui s'opposèrent à l'accomplissement du terrible projet. Ces hommes devaient quitter leur pays, leur famille, leur état, se déguiser, se disperser d'abord pour détourner les soupçons, puis, se retrouver à un moment donné, prêts à la vengeance.

Les uns étaient vieux, les autres trop jeunes. L'un d'eux ne voulait pas quitter son père dont il était le soutien ; le père se tua pour lever tout scrupule.

Ils étaient signalés, poursuivis, traqués, vivaient comme ils pouvaient, cherchant surtout à avoir des armes.

Enfin, arriva le jour choisi pour l'assassinat de Kira. C'était en plein hiver et il avait beaucoup neigé.

Une chose à remarquer, c'est que les Japonais qui enregistrent avec grand soin les faits historiques n'oublient jamais de prendre note de l'aspect du décor où se passe l'action. Amoureux comme ils le sont des beautés de la nature, ils ne peuvent séparer le fait du paysage ; de même qu'ils se souviennent des costumes que portaient les héros de leurs chroniques ainsi que de la décoration des appartements où les évènements ont eu lieu. Ce peuple artiste a mis son histoire en tableaux.

Il y a certaines vues de pruniers en fleurs, de brouillards sur les montagnes, de feuillages roussis par l'automne qui sont fatalement destinés à encadrer des faits historiques devenus populaires autant par la beauté de la mise en scène que par l'intérêt des situations.

C'est ainsi qu'un paysage couvert de neige indique presque toujours qu'il s'agit d'une scène de l'histoire des quarante-sept fidèles.

Donc il neigeait. Les quarante-sept hommes d'armes s'étaient déguisés en pompiers et semblaient courir à un incendie, ils se précipitaient sur le pont cintré de Rioogokou pour se rendre à l'est d'Yeddo. Ils venaient d'en gravir la moitié et redescendaient l'autre moitié, lorsqu'ils furent arrêtés par un officier du gouvernement à cheval.

Le puits où fut lavée la tête de Kira.

(Fac-simile d'un dessin Japonais.)

« Où allez-vous ainsi?

— Nous sommes les fidèles d'Assano, répondit poliment le chef, Ooïski-Kouranosouké ; nous allons en grande hâte pour assassiner le vieux Kira, l'ennemi de notre maître.

— C'est très-bien, mais vous ne passerez pas. »

Les fidèles saluèrent et rebroussèrent chemin.

Comme à cause de la neige les rues étaient désertes, ils parvinrent cependant jusqu'à l'habitation de Kira, le tuèrent et emportèrent sa tête au temple de Singakoudji où reposait le corps d'Assano.

Chemin faisant, ils trouvèrent un puits. Ils y puisèrent de l'eau pour laver la tête qu'il fallait présenter convenablement; ils l'enveloppèrent dans une étoffe de soie. Pendant l'opération, un des fidèles accroupi tenait avec respect sur une tablette portative la stèle funéraire d'Assano et la lame du sabre qui avait servi à son harakiri, le même sabre dont la pointe avait, le jour de l'insulte, effleuré le front de Kira.

Enfin ils présentèrent solennellement devant le tombeau la tête coupée, puis allèrent se livrer à la police.

Tous furent condamnés à s'ouvrir le ventre et leurs quarante-sept tombes furent placées à côté de celle d'Assano.

Ce sont ces monuments que nous allons visiter. Les fidèles et leur maître reposent dans un petit enclos à l'ombre d'arbres gigantesques. Chaque tombe a la forme d'un cippe carré et porte le nom du défunt.

Deux tombes furent ajoutées aux quarante-sept dont je viens de parler. On enterra là un marchand d'Yeddo qui protégea les roonins et leur procura de l'argent et des armes.

La cinquantième tombe est celle d'un enthousiaste. Il y a quarante ans, un visiteur contemplait le petit cimetière où l'on a enseveli tant de courage et tant de dévouement. Tout d'un coup le visiteur, pris d'un beau mouvement, tira son sabre et, en signe d'hommage, s'ouvrit le ventre devant les cippes funéraires.

On le mit à côté des autres.

Sur le bord du sentier qui mène au cimetière, M. P... nous fait voir une source claire abritée sous les bambous : c'est le puits où fut lavée la tête de Kira.

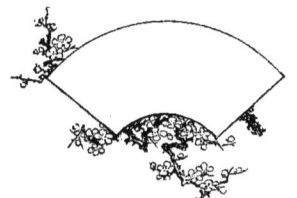

IV

COMMENT ON ÉCRIT L'HISTOIRE..... AU THÉÂTRE

es Japonais étaient encore sous l'impression de ce tragique dénouement, lorsque Tshikamatzou-Mouzaïmon, un des premiers littérateurs de l'époque, eut l'idée de transporter sur la scène l'épisode des roonins.

Mais la censure fit observer...

« Eh quoi ! la censure ? Il y a donc une censure, même au Japon ?

— Du moins, l'histoire raconte que, à cette époque, il y avait au gouvernement une *direction de l'esprit littéraire*. »

Cette direction fit observer que la famille d'Assano et celle de Kira pourraient trouver mauvais de se voir données en spectacle, que cela pouvait réveiller de vieilles haines à moitié assoupies, que cette tentative littéraire était dangereuse et que, finalement, l'auteur ferait bien de renoncer à son projet.

Mais la direction littéraire fit remarquer, d'autre part, que le théâtre japonais avait pour but d'entretenir les idées de dévouement pour les daïmios, que toutes les pièces historiques ou prétendues telles représentaient toujours des scènes de serviteurs sacrifiant leur vie pour leurs maîtres, que l'épisode des roonins était parfaitement dans l'ordre d'idées recommandé, et que, si l'auteur voulait conserver son sujet en changeant les noms, l'époque, les costumes et un peu le sujet, la pièce serait autorisée.

Tshikamatzou-Mouzaïmon suivit ce conseil; il changea costume, époque et noms, modifia la cause de l'insulte; mais le public sut retrouver, à travers les embellissements littéraires, le terrible *fait divers* qui le passionnait encore.

Indépendamment de son mérite, la pièce répondait admirablement aux aspirations des Japonais âpres à la vengeance; elle était une protestation contre la loi qui punit, en faveur du sentiment général qui encourage. C'est une honte au Japon de ne pas se venger, quoi qu'il puisse en coûter, et l'on s'y trouve dans cette singulière situation de choisir entre le code qui interdit le crime et l'usage qui l'ordonne.

Qu'on se figure, pour bien comprendre, un pays où le duel serait défendu, mais où il serait souverainement déshonorant de ne pas se battre après une insulte.

La pièce des quarante-huit fidèles eut donc et a encore un grand succès.

L'auteur a placé l'action au milieu des guerres civiles qui troublèrent le Japon au xɪvᵉ siècle.

La dynastie du Sud, la dynastie légitime, vient d'être vaincue. Moronoo, administrateur du temple d'Hatchiman à Kamakoura, aime la femme de Enya, la belle Kaoyo qui a toujours repoussé ses hommages.

Au théâtre, il fallait un amour; un rôle de femme était nécessaire; l'auteur l'a bien compris.

Moronoo profite de ses prérogatives pour mander au palais l'homme que lui préfère la belle Kaoyo et accable d'outrages le malheureux mari.

Enya tire son sabre, — comme Assano, — et poursuit l'insulteur à travers le palais.

Ce crime de lèse-majesté shiogounale est puni. Enya fait son petit harakiri. Ses serviteurs, au nombre de quarante-huit, organisent la vengeance, assassinent Moronoo, etc., etc.

C'est la même succession de faits que dans l'histoire vraie, seulement tous les noms sont changés, excepté celui de Ooïski-Kouranosouké, le chef des conspirateurs, qui a été conservé.

Comme si dans une pièce du temps de Louis XI on avait introduit le nom de Charlotte Corday.

Pourtant au théâtre, toujours pour éviter les mouvements populaires, on prononce *Ooboshi-Youranosouké;* cela suffit pour calmer dame censure.

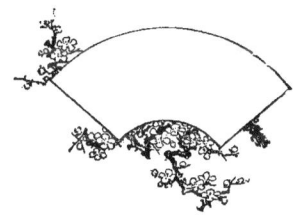

V

CE QUI PROUVE QUE TOUT LE MONDE NE PORTE PAS LES MÊMES LUNETTES

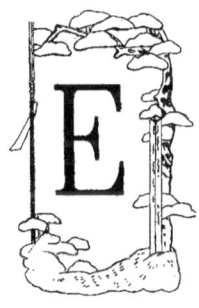N laissant le temple de Singakoudji, nous suivons un petit chemin qui monte à travers le faubourg.

Tout est intéressant pour des nouveaux débarqués, et nous ne cessons d'admirer la disposition ingénieuse des habitations ouvertes à tout vent. Nous voyons de nombreuses boutiques dont la plupart sont occupées par des marchands de bric-à-brac; on nous avait bien dit que le Japon était le pays du *bibelot* et de la *curiosité,* mais je ne pensais pas que, sur dix marchands, il y avait neuf antiquaires.

Dans une de ces maisons sans murs, une petite fille prend une leçon de déclamation. Le professeur, qui est une jeune dame, est accroupi devant l'élève; sur une petite table un livre est ouvert, tourné du côté de l'enfant qui suit attentivement; la maîtresse, scandant les phrases du bout de son éventail dont elle frappe la table, récite avec emphase, tantôt élevant le ton, tantôt parlant en notes graves, soulignant les aspirations, appuyant sur les consonnes fermées, faisant moduler la voix presque comme un chant.

Nous sommes arrêtés à deux pas de la scène, mais notre présence ne trouble ni l'attention de l'élève ni le débit de la maîtresse, qui nous a bien vus du coin de l'œil, mais redouble d'ardeur, pensant avoir un public de connaisseurs.

Tout émerveillés de ce commencement de promenade, nous arrivons chez une des personnes que nous avons à voir. Nous comptons beaucoup sur cette visite pour obtenir les renseignements nécessaires aux études que nous devons faire. Il nous faut des autorisations spéciales pour pénétrer dans les bonzeries, il nous faut des interprètes intelligents, il nous faut surtout des conseils pour nous diriger dans nos recherches.

C'est du moins ce que nous expliquons à notre compatriote, mais il n'a pas l'air de bien comprendre que nous ayons fait tant de chemin pour si peu de chose.

— Étudier les religions du Japon? Vous n'y arriverez pas. C'est moi qui vous le dis. D'abord, les prêtres n'y comprennent rien. Tous ignorants, crasseux, ladres. Et s'ils savent quelque chose, ils ne le diront pas. J'ai essayé, moi qui vous parle, et je n'ai pu arriver à rien, ainsi!

Désarçonnés du côté de la science, nous nous raccrochons à l'art.

Regamey insinue qu'il pourra au moins faire des croquis.

— Du dessin, de la peinture! Mais ne venez pas au Japon pour cela. C'est un pays terne, sans lignes, sans horizons; les maisons sont noires, les vêtements gris, les femmes laides, les hommes hideux. Prenez le bateau qui part samedi prochain, il vous mènera en Égypte, en Italie; c'est là qu'est l'art! Pour Dieu, quittez le Japon; c'est un pays sans couleur.

Encouragés par ces théories, nous nous sauvons au plus vite et nous

Voici pourtant un paysage qui aurait son mérite, si...

retombons dans ces rues étranges, ensoleillées, animées par les habitants aux vêtements gracieux ; mais nous n'osons plus regarder, honteux de nous être laissés prendre à un charme, qui n'était sans doute que l'étrangeté.

Voici pourtant un paysage qui aurait son mérite, si nous étions dans une autre contrée, en Italie par exemple. Devant nous, en plein soleil, la route s'élargit et aboutit à un pont gracieusement recourbé ; à gauche, le long d'un canal, se développent les sombres murailles d'une yashiki ; à droite, la montagne escarpée de Shiba avec ses pentes couvertes d'arbres séculaires ; à ses pieds, sur le bord du canal, s'étagent de nombreuses maisons de thé aux terrasses élégantes, suspendues sur des pilotis qui dominent les profondeurs.

Certes, le tableau est complet et Regamey prendrait bien ses crayons... mais il est inutile de se laisser aller à des impressions décevantes, le Japon n'a pas de lignes.

Nous avançons. A l'intersection de plusieurs chemins qui se perdent dans les arbres à droite et à gauche, nous apercevons une vaste pièce d'eau traversée par un pont de pierre et couverte d'énormes lotus roses.

C'est la première fois que je vois cette plante invraisemblable. Qu'on se figure le nénuphar grossi à la loupe et teint au carmin. Seulement, au lieu d'avoir comme nos plantes d'eau, cet aspect de faiblesse qui fait nager la fleur et aplatir la feuille, le lotus mystique du Japon s'élance hors de l'eau ; ses larges coupes roses, à cœur blanc, s'épanouissent au haut des tiges vigoureuses ; son élégant feuillage, aux nervures accusées, s'arrondit à un mètre de la surface liquide, formant des vasques de jaspe vert. C'est élégant et fort, suave et noble, brillant et sain.

Tout auprès est une maison de thé. Un abri sous lequel on a installé une sorte de basse estrade recouverte de nattes. Sur ces tables tapissées, les Japonais s'accroupissent ou s'étendent comme les anciens Romains lorsqu'ils voulaient manger.

Un jeune garçon est justement couché sur le ventre, le torse relevé, appuyé sur les coudes. De temps à autre, ses mains ou ses pieds nus se lèvent ou s'abaissent par un mouvement machinal qui permet de constater la finesse et l'élégance de ses extrémités.

Il cause avec une jeune fille étendue également à côté de lui.

Voyant que nous désirons nous arrêter, il fait un signe à sa petite camarade qui se relève aussitôt, nous salue et vient à nous d'un air souriant : c'est la servante de l'établissement.

Sa figure est charmante malgré le soin qu'elle a pris d'exagérer sa coiffure, de se mettre du blanc sur le cou et deux points de vermillon sur la lèvre inférieure. Elle porte une robe à fond blanc sur laquelle volent des papillons bleus. Une large ceinture de crêpe rouge enveloppe sa taille et se combine avec une bande de crêpe violet vif. Ses pieds nus sont chaussés de lourds *guetas* en bois et ses bras, nus aussi, sortent des longues manches qui lui servent de poches.

Elle nous sert une infusion de fleurs de cerisier conservées dans du sel. La fleur nage dans l'eau bouillante au milieu de la petite tasse en porcelaine bleuâtre : c'est charmant à voir, atroce à boire.

La jeune fille rit et veut causer; mais, voyant que nous ne comprenons pas, elle cherche à nous amuser par d'autres moyens, et, au Japon, les moyens de s'amuser sont nombreux.

Voyez plutôt : elle nous apporte de petits gâteaux très légers, et, comme nous faisons mine de les croquer, elle part d'un éclat de rire et sa main fine nous les arrache des doigts. Ce sont des gâteaux des poissons; on les jette au milieu des lotus, on frappe dans ses mains pour que les gourmands aux écailles d'or accourent et les fassent sauter sur l'eau; c'est très gai.

La gracieuse enfant jette des gâteaux.

La gracieuse enfant lance ses gâteaux, agite ses mains avec un petit bruit sec et, penchant la tête de côté, sourit comme si elle comptait plus sur ses attraits que sur les gâteaux pour attirer les poissons.

Les poissons sont-ils venus? Je ne sais. J'étais comme pétrifié par cette apparition de fillette fraîche et gaie, de robes aux papillons bleus, de lotus roses et de verdure sur l'eau.

Regamey ne perdait pas son temps et dessinait tant qu'il pouvait.

J'aurais trouvé la scène ravissante, mais je retenais mon enthousiasme qui n'était certainement qu'un effet d'imagination, car..... le Japon n'a pas de couleur !

VI

A TRAVERS TOKIO

Il faut nous arracher à nos contemplations artistiques. L'heure avancée nous rappelle que l'homme ne vit pas seulement de sensations intellectuelles. Il faut aller déjeuner.

Nous traversons l'étang sacré sur le petit pont de pierre et nous nous engageons sous les hauts ombrages de Shiba.

On appelle ainsi un parc montagneux, accidenté par des vallons sombres, des pentes abruptes et des futaies immenses. Temples colossaux, tours sacrées, chapelles dorées, tombeaux de bronze ornent ce lieu pittoresque, particulièrement affectionné par le troisième Shiogoun de la dynastie d'Yeyas, Yemitzou (1624), qui sut y déployer avec succès sa passion pour les monuments luxueux.

Mais nous n'avons pas le temps d'admirer ces merveilles. Nous laissons le massif boisé sur la droite, et nous suivons à gauche un sentier où l'on dirait qu'il fait nuit, tant les ombres épaisses projetées par les arbres plusieurs fois séculaires font opposition avec la lumière éclatante d'où nous sortons.

Le sentier aboutit à une sorte de carrefour planté d'énormes peupliers *itshoo* dont la feuille a la forme d'un éventail. Là, nous trouvons des djinrikis dont les jambes rapides nous entraînent au centre de la ville où nous espérons faire connaissance avec quelque restaurant, fût-il indigène.

Nos hommes entreprennent à travers les quartiers les plus populeux une de ces courses folles que connaissent seuls les cabs de Londres, les ânes du Caire et les djinrikis de Tokio.

Comme il fait très chaud et qu'il est midi, les boutiques sont généralement voilées d'étoffes sombres découpées en larges lanières verticales et agrémentées de grands caractères blancs. Quelquefois le rideau est une grande frange de rotins jaunes sur lesquels les caractères ressortent en noir.

Aux cris de nos tireurs de voitures, les promeneurs se mettent subitement à l'écart pour nous laisser passer, et, si la rue est étroite, la foule se réfugie dans les boutiques, disparaissant à moitié derrière les rideaux dont les lanières laissent entrevoir des visages étonnés, mais toujours souriants.

Enfin, nous arrivons au quartier nouveau, dans la grande rue de Guinnza, construite à peu près à l'européenne et plantée de deux maigres rangées d'arbres minuscules et poussiéreux afin d'imiter le boulevard des Italiens.

Là se trouve un restaurant français fort convenable.

Après le repas, nous reprenons nos voitures et nous enfilons la longue rue qui se déroule indéfiniment à travers la ville, mais en perdant, à partir du pont Kioo bashi, son aspect européen.

La voie continue à la japonaise sous le nom de *Nihon bashi doori* ornée à droite et à gauche de boutiques bien garnies. Bronzes, livres, faïence, étoffes, jouets, antiquités, les étalages se succèdent tantôt sombres, tantôt brillants, et cette rue interminable ne cesse d'offrir aux chalands les produits les plus variés et les plus attrayants de l'industrie japonaise.

Nous nous arrêtons un moment devant les magasins de Mitsouï où se vendent les étoffes du pays, depuis le *kimono* de coton teint à l'indigo jusqu'aux riches *foukoussas* en soie brodée. Le service est fait par de petits garçons qui répondent d'une voix glapissante aux ordres qu'on leur donne; cela fait comme un pépiement incessant de jeunes oiseaux, et les lourds barreaux de bois qui entourent l'habitation du côté des cours complètent la volière.

Nous remontons en voiture. Les djinrikis reprennent leur vol à travers la foule animée. Les boutiques défilent devant nous comme dans un rêve. On ne comprend vraiment pas qui peut acheter tant de choses.

Nous traversons encore un pont, *Megané bashi*, — le pont de la lunette, à cause des deux arceaux ronds qui le supportent, — et les étalages continuent à faire la haie des deux côtés de la rue.

Cette revue des boutiques finit enfin. La voie s'élargit. Devant nous se dressent de vastes escaliers qui montent et s'enfoncent dans la verdure immense. Nous sommes arrivés aux jardins sacrés d'Ouéno. Encore un endroit ravissant où Yemitzou, le Shiogoun constructeur, a laissé les traces de ces magnificences; mais, hélas! là, comme à Shiba, le temple principal a été brûlé, à Shiba, par l'intolérance, il y a six ans; à Ouéno par la guerre civile, il y a dix ans.

VII

OUÉNO

Nous gravissons quelques marches qui nous amènent sur une vaste plate-forme ombragée. C'est l'emplacement du temple brûlé.

Ce temple servait d'habitation au Mia de Mikko; c'est pour s'emparer de sa personne qu'on mit le feu au temple en 1868.

Or, qu'est-ce que c'était que le Mia de Mikko?

C'était presque l'empereur, disent les uns. C'était un otage, disent les autres. C'était un descendant des dieux, mais un prisonnier, un homme vénéré, mais un nantissement, le frère de l'empereur confisqué par le Shiogoun.

Un usage fortement établi voulait que les frères du Mikado entrassent en religion; ils devaient se faire raser la tête et se vouer au célibat.

On avait trouvé que de simples mortelles étaient indignes d'épouser de tels personnages qui avaient dans les veines un sang divin, et, pour éviter ces contacts immondes que Jupiter ne dédaignait pas, on mettait le dieu au couvent.

Par la même occasion on supprimait toutes ces branches cadettes toujours gênantes en politique.

Yeyas, le Shiogoun centralisateur, pensa que cette pratique était bonne, mais il voulut la rendre meilleure. Ce n'était pas assez d'avoir annulé le Mikado en le séquestrant dans son Olympe de Kioto, il voulut avoir sous la main un répondant, et, sous prétexte d'honorer le frère de l'empereur, il le nomma Mia de Mikko et l'envoya en exil sacré dans les montagnes du Nord. Mia signifie à la fois *temple* et *prince du sang;* par cette assimilation l'homme devient sanctuaire.

Yemitsou, le petit-fils d'Yeyas, était grand amateur de religions et grand bâtisseur d'églises; le shintoïsme et le bouddhisme avaient simultanément ses faveurs.

Le plus beau temple de Nikko et le grand temple d'Assakssa furent construits par son ordre, de même que le grand temple d'Ouéno et le grand temple de Shiba étaient son ouvrage.

Il eut pitié du Mia de Mikko, abandonné dans un petit village des montagnes; il le fit venir près de lui, à Ouéno, ce qui avait le double résultat de sanctifier la capitale en y amenant un saint personnage et de consolider sa politique en gardant à vue l'otage impérial.

Des avenues larges et gazonnées donnent des perspectives infinies à travers les futaies immenses et touffues.

Car Yemitsou avait une politique et même une politique assez raide.

Quand, à la mort de son père, il prit possession du shiogounat, il assembla les daïmios qui étaient ses égaux et leur dit :

— Messeigneurs, la place est vacante. Si quelqu'un d'entre vous a ce désir étrange d'aspirer au shiogounat, il le peut en toute liberté, mais je le préviens que je m'y opposerai par la force des armes.

A cette offre obligeante chacun s'empressa de décliner l'honneur de succéder au fils du grand Yeyas.

Un des seigneurs, pour entraîner la majorité, qui d'ailleurs n'était pas douteuse, déclara qu'il se chargeait de châtier ceux qui seraient d'un avis contraire à la motion du président de l'assemblée.

Cette manière de consulter les grands du royaume eut le succès qu'en attendait Yemitsou. Il fut élu Shiogoun.

Et, pour consacrer son autocratie, il encouragea la dévotion sous toutes ses formes, éleva des temples superbes et combla de faveurs les prêtres des sectes les plus diverses.

Lorsqu'arriva au Japon la révolution singulière qui jeta ce pays dans la voie du progrès européen, lorque que le Mikado réclama des successeurs d'Yemitsou les pouvoirs qu'il avait usurpés, on eut la singulière idée de faire jouer au grand prêtre de Nikko et d'Ouéno un rôle contraire à son origine impériale, on le mit en opposition avec l'empereur, son parent.

Le Taïkoun Tokougava Keïki venait de faire sa soumission au Mikado. Deux cent cinquante de ses fidèles mirent à leur tête le Mia de Ouéno et se fortifièrent dans le grand temple, prêts à subir l'attaque. Les troupes impériales, pour éviter de combattre un prince du sang eurent recours à l'incendie, espérant faire fuir les rebelles de l'enceinte sacrée, les combattre facilement et s'emparer du prince.

Mais tous échappèrent avec beaucoup d'adresse et se retirèrent sous la conduite du Mia dans la province de Moutsou où ils subirent un siège dans le château d'Aïzou.

Les uns furent tués, les autres se rendirent, le prince fut pris sain et sauf. Deux ans après, on l'envoyait à Berlin faire ses études militaires.

Il n'avait que vingt et un ans.

Voilà pourquoi nous ne voyons que l'emplacement où fut le temple.

On a construit un monument funéraire élevé avec l'autorisation du gouvernement à la mémoire des rebelles tués.

C'est un trait caractéristique du Japonais d'honorer le dévouement aux princes, même chez des ennemis, et ceux qui ont combattu l'empereur pour obéir à leurs chefs sont donnés en exemple par l'empereur lui-même.

Sur la droite, des maisons de thé, placées au bord du glacis verdoyant, dominent des jardins particuliers et laissent la vue s'étendre sur la ville jusqu'à la mer.

Des avenues larges et gazonnées donnent des perspectives infinies à travers les futaies immenses et touffues. Des groupes de Japonais se reposent à l'ombre ; pour obtenir plus de fraîcheur, les légers vêtements ont été mis de côté et donnent sur la verdure où ils sont étendus des notes vives, blanches et bleues. Les vers des *Géorgiques* vous reviennent en mémoire, l'idylle est prise sur le fait, et l'on se croirait transporté dans quelque Tibur gigantesque, à la végétation invraisemblable.

Au détour du chemin, des murailles de temple bordées de plusieurs rangs de lanternes de pierre nous rappellent que nous sommes dans un parc bouddhique, un *lucus* oriental.

La muraille, couverte de mousse, s'étend au loin ornée, çà et là, de groupes de *toros* en pierres, lanternes sacrées offertes par les daïmios.

Trois portes, très espacées, donnent accès dans les cours qui sont derrière; à chaque porte correspond un temple, et, derrière les temples, sont les tombeaux de sept shiogouns.

Les bonzes ne sont pas là pour nous faire les honneurs de leurs riches sanctuaires, et nous n'avons pas le temps de les attendre.

Nous reprenons notre marche sous les frais arbres, dont le feuillage varié, sombre ou clair, maigre ou touffu, tortueux ou retombant, ne lasse pas un moment notre admiration. Les vieux cèdres aux branches zigzaguées comme un éclair noir se détachent sur les arbres argentés et cotonneux; les bambous élégants laissent entrevoir des groupes de pruniers à fleurs roses — sans fleurs, hélas! pour le moment, — et les vastes peupliers abritent des taillis de camélias bronzés.

Laissant à gauche le temple dédié au Quanon de Kiomidzou, monument qui émerge au printemps des touffes de cerisiers blancs, nous entrons dans l'avenue qui mène au temple d'Yeyas.

A droite et à gauche, des toros en bronze, en pierre, des cuves

servant de bénitiers, des poteaux à inscriptions, d'autres qui, les jours d'illuminations, portent d'énormes lanternes de papier : tout cela est très meublant et anime l'entrée. Un *torii* sacré, arc de triomphe en pierre, est à l'entrée de l'avenue, et sur la droite, on voit une grande tour à cinq toits superposés.

Au-dessus de la porte d'entrée, on a placé une grosse corde en paille de riz d'une forme particulière : c'est un emblème shintoïste.

Le temple a plutôt l'aspect d'un temple bouddhiste, il y a autour des bas-reliefs en granit qui représentent des animaux fort bien rendus.

Dans un coin, en redescendant vers l'entrée du parc, on nous montre une petite chapelle qui contient une énorme statue. La façade est grillée et laisse voir le bouddha en cage, encombré d'*ex-votos*.

Évidemment, la maison a été construite pour le dieu, mais l'architecte semble avoir mal pris ses mesures : c'est plutôt un manteau qu'un temple.

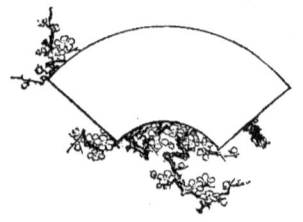

VIII

HISTOIRE DE LA BELLE PATISSIÈRE

A travers les grands arbres, la vue s'étend sur la ville entière qui apparaît comme un océan de toits noirs avec des îles boisées formées par les collines sacrées où sont les principaux temples.

A nos pieds, dans la plaine, est un petit lac couvert de grands lotus, dont chaque fleur ressemble, à distance, à une tasse de thé en faïence rose.

Sur une petite île toute ronde, est placé un temple de Benten, la déesse protectrice des amours, une des sept divinités qui portent bonheur.

Sur le bord du lac, une maisonnette, noyée dans un jardin fleuri, a été le théâtre d'une histoire intéressante, que je m'en vais vous dire.

La maisonnette était habitée, autrefois, par deux jeunes époux, d'une assez bonne famille bourgeoise, mais sur lesquels les parents avaient jeté le terrible *kandoo*. C'est la malédiction paternelle dans toute sa rigueur avec expulsion de la maison, retrait d'héritage, etc.

Le couple maudit vint se réfugier au bord de l'étang sacré et se mit sous la protection bienveillante de Benten. Le mari savait faire les *sempés*, petits gâteaux fort délicats, et il s'improvisa pâtissier pour gagner sa vie.

Mais l'affreux *kandoo* pesait toujours sur les malheureux époux dont l'union restait stérile. Et pourtant, tous les jours, ils allaient au petit temple du lac déposer une offrande de *sempés* et faire leurs prières.

Enfin, à force de supplications, la déesse se laissa toucher, et la jeune femme devint mère d'une charmante petite fille.

L'enfant grandit peu à peu et atteignit une beauté surhumaine. C'était plus que la grâce, c'était un charme indéfinissable, étrange, un de ces types nobles et séduisants, qui effraient et attirent, qui dominent et passionnent, créatures fatales qu'on adore à genoux et dont l'amour fait mourir.

A ces attraits du corps, la jeune fille joignait un caractère parfait et une intelligence des plus vives.

Inutile de dire que, sous prétexte d'acheter des gâteaux, tous les jeunes gens d'Yeddo encombraient la modeste boutique de la belle pâtissière. Les rues de la ville retentissaient d'une chanson qu'on avait faite pour elle.

> Assise, c'est la pivoine herbacée;
> Debout, c'est la pivoine en arbre;
> Quand elle marche, c'est le lotus.

La vertu de la jeune fille paraissait beaucoup souffrir de tous ces empressements: aussi demandait-elle souvent à ses parents de la dispenser de figurer au magasin.

Jamais on ne mangea tant de sempés dans la capitale des Shiogouns.

Sous toutes sortes de prétextes, les jeunes amoureux accouraient à Ouéno, et se ruinaient en pâtisseries. Quelques-uns arrivaient couverts d'habits somptueux, d'autres s'enfarinaient comme des femmes et mettaient du rouge, de plus adroits faisaient les beaux esprits; mais les uns et les autres n'obtenaient d'autres faveurs que de recevoir des mains de la belle un élégant paquet de gâteaux qu'ils emportaient en chantant.

> Je n'ai pas respiré l'odeur
> De la fleur du prunier,
> Mais j'ai vu la fleur.

Peu à peu la jeune fille devint morose et attristée au milieu de toutes les joies qu'elle faisait naître. Au lieu de répondre avec enjouement aux joyeux propos de ses adorateurs, elle se renferma dans la mélancolie et le silence. Elle recherchait la solitude et fuyait même ses parents. Elle s'accroupissait dans quelque coin sombre et y restait pensive des heures entières.

Les maisons japonaises ont dans la partie la plus reculée un salon de réception où d'ordinaire les habitants ne se tiennent pas, et que l'on réserve pour les visiteurs ou les étrangers.

La maisonnette de Ouéno avait une petite chambre pour cet usage, et c'était presque toujours là qu'on trouvait la jeune pâtissière en quête de solitude. Les yeux attachés sur les fleurs de l'étang, elle paraissait abîmée en une secrète contemplation.

Ses parents étaient fort contrariés de cette tendance d'esprit, et ils pensèrent que la tristesse de leur fille venait de quelque chagrin d'amour. Il était impossible que, parmi les beaux et gais jeunes gens qui venaient assidument faire emplette de gateaux, il ne s'en fût pas trouvé un qui eût fait battre le cœur de la jeune fille.

Mais ils pensèrent que, sans doute, son choix s'était porté sur quelque garçon indigne ou sur quelque fils de grande famille, et que la tristesse de leur enfant bien-aimée venait de ce qu'elle s'était laissé dominer par un amour sans espérance.

Or les pauvres parents avaient eux-mêmes passé par ces épreuves, ils avaient tout sacrifié pour s'unir, et ils se promirent bien de surmonter toutes les difficultés pour faire le bonheur de la jeune fille.

Il fut convenu que la mère se chargerait d'obtenir des aveux de sa fille et de débrouiller tout ce mystère.

Elle prit donc à part la belle pâtissière.

— Tu sais, lui dit-elle, combien nous t'aimons. Tu es notre joie et notre richesse, tu es notre ange domestique, et c'est à toi que nous devons la sainteté de notre maison, car une déesse est intervenue pour te faire naître. Tu dois à nous, tu dois à la divine Benten de ne pas marcher dans la voie des chagrins. Un mystère t'attriste et t'affaiblit, ce mystère, nous l'avons deviné : tu aimes!

Puis elle sollicita ses confidences; elle expliqua à sa fille qu'elle subissait la loi commune et qu'elle trouverait chez ses parents l'indulgence la plus grande.

La belle pâtissière qui avait d'abord écouté, les yeux baissés et la tête penchée, se mit à fondre en larmes, certifia qu'elle avait horreur de l'amour et, se levant d'un air choqué, quitta brusquement la chambre.

La bonne mère fut assez désappointée et prit le parti de surprendre un secret qu'on ne voulait pas lui livrer.

Une nuit, elle crut entendre du bruit. Elle se leva et vit sa fille qui disparaissait par la porte de la petite cour.

Elle n'eut rien de plus pressé que d'avertir son mari et tous deux furent d'accord que, la nuit suivante, ils se tiendraient en embuscade et suivraient leur fille qui, sans doute, allait toutes les nuits à quelque rendez-vous d'amour.

IX

OU LE DRAGON MONTRE LA GRIFFE

E soir même, le couple ému, au lieu de se coucher, se mit en observation derrière les écrans à coulisse qui séparaient leur chambre de celle de la jeune fille. Écartant un peu les panneaux mobiles, ils attendirent en contemplant la gracieuse enfant dans son sommeil.

Une grande lanterne en papier, de forme carrée, était posée à terre et projetait dans tout l'appartement la douce lumière de la petite lampe qu'elle contenait.

La jeune fille avait les bras passés dans la lourde robe de chambre ouatée que l'on met sens devant derrière pour avoir chaud à la poitrine, et qui sert à la fois de vêtement et de couverture.

Elle avait la tête soutenue par le *makoura*, rectangle de bois qui sert d'oreiller et qui a l'avantage d'éviter la chaleur à la tête, de supprimer, sous peine de choc violent, les agitations du rêve et enfin de permettre aux femmes de dormir sans détruire l'édifice compliqué de la coiffure japonaise.

Au-dessus de la tête de la dormeuse, un vase de fleurs pendu en biais à un poteau contenait une branche de chrysanthèmes violets. A un autre poteau une cigale prisonnière dans une cage de jonc lançait périodiquement son cri rhythmé en crescendo. Dans une encoignure de la chambre, au fond d'une niche formée de montants en bois brut et de frises sculptées à jour, on apercevait vaguement dans l'ombre une image de Benten victorieuse, montée sur un dragon blanc.

Tout d'un coup la jeune fille se leva, rejeta son *kimono* ouaté, prit ses habits de ville et, poussant doucement un des écrans de la chambre, disparut. Elle se trouvait cachée dans l'étroit corridor qui séparait l'appartement de la clôture en volets qu'on ferme le soir et dont les panneaux sont ramenés le jour dans une sorte d'armoire à coulisses.

Les parents entendirent le parquet craquer sous ses pieds nus, puis ils reconnurent qu'elle enlevait le verrou de bois qui fermait les volets, qu'elle faisait glisser un des volets dans la rainure et qu'elle mettait à ses pieds les petits bancs de bois qui servent de chaussure aux Japonais.

Le couple inquiet se mit à suivre avec précaution la belle pâtissière; il la vit traverser le jardin sur les petits blocs de rochers qui servaient de chemin au milieu des fleurs et des ruisseaux, ouvrir la légère porte de bambous, et s'éclipser dans le sentier ombreux qui suivait le bord du lac.

Le temps était brumeux. On était à la fin de l'automne. Ce n'était plus cette époque charmante au Japon où la lune brillante se lève énorme derrière les érables aux feuilles pourpres; l'année était avancée, les feuilles s'étaient séchées et faisaient sous les pieds un bruit de papier froissé; la lune était voilée et donnait au paysage une teinte vague.

Les parents suivaient la jeune fille qui marchait d'un pas rapide et semblait ne plus toucher la terre. Son corps harmonieux glissait à travers les bosquets, et c'était plutôt une hirondelle au printemps qu'une femme.

Elle arriva bientôt en face de l'île de Benten, franchit le petit pont de pierre qui rattache l'île au rivage, et, après avoir dépassé la chapelle, s'avança résolument sur les eaux du lac.

Les deux époux s'arrêtèrent saisis d'effroi et poussèrent un cri. Quelle ne fut pas leur stupeur lorsqu'ils virent une fumée pâle sortir du lac et leur fille, leur propre fille, se transformer en dragon blanc!

La lune augmenta sa clarté, et la déesse Benten, elle-même, apparut montée sur le dos du dragon.

— Ne vous étonnez point, dit-elle, de voir que ce dragon est votre fille. Touchée de votre piété et de vos malheurs, j'ai voulu vous donner un témoignage de ma bienveillance, mais il est temps que ce maître des eaux du lac retourne dans sa demeure. Vous avez été bons, aimants, pieux ; vous serez heureux.

Et la déesse disparut en compagnie du dragon.

Les mauvaises langues prétendirent que la belle pâtissière s'était simplement noyée par suite d'un amour contrarié.

Mais tous les gens raisonnables d'Yeddo savent bien que, lorsque les vapeurs s'élèvent la nuit au-dessus du lac d'Ouéno et que, poussées par le vent d'automne, elles ondulent et s'avancent rapidement le long des touffes de bambous, c'est le dragon blanc de Benten qui se promène. Ils savent aussi que ce dragon a le pouvoir de s'incarner et de prendre des formes humaines, mais que, s'il se présente sous l'aspect d'une jeune fille et qu'on ait l'imprudence de lui parler d'amour, il reprend subitement sa forme primitive.

Tout cela est bien connu, et les mauvaises langues en sont pour leurs frais d'imagination.

Quant à nous, émus de ces récits singuliers, nous prenons prosaïquement le chemin de fer qui nous ramène à Yokohama.

X

CHEZ UN JAPONAIS

otre ami Matsmoto nous avait dit :

— Venez me voir à Tokio. Je vous montrerai la ville. Je vous ferai visiter le temple d'Asakssa avec ses jardins sacrés animés par des boutiques, des saltimbanques, des montreurs de curiosités, des marchands de fleurs, des marchands d'oiseaux, des tirs à l'arc tenus par de jolies filles, des théâtres, des cimetières, des maisons de thé et des chapelles. Je vous mènerai à Shiba où l'on voit des temples en laque d'or, des arbres immenses, et les sombres tombeaux de bronze des Shiogouns. Je vous ferai visiter les marchands de bric-à-brac, et la ville en est pleine. Je vous dévoilerai les secrets des restaurants japonais où l'on trouve quelquefois à manger et toujours d'excellentes musiciennes et de charmantes danseuses !

Tout ce programme nous avait rendus rêveurs.

Et, depuis notre arrivée à Yokohama, nous ne songions qu'aux moyens d'aller voir au plus vite notre ami Matsmoto.

Ce jeune Japonais a fait avec nous la traversée de San-Francisco au Japon. Vingt-trois jours de mer contribuent à lier les hommes, et il se trouve que cet étranger, que le hasard a jeté dans les cabines de notre bateau, est notre ami.

Il a fait aux États-Unis des études sérieuses et il revient avec un brevet d'ingénieur américain.

Ce n'est pas sans quelque difficulté que nous trouvons sa maison. Heureusement les djinrikis sont intelligents et notre manière de parler, ou plutôt de ne pas parler japonais, leur suffit pour nous mener d'abord dans la grande rue de Ginnza, puis, après avoir traversé un pont, pour nous conduire, à travers les *godowns* qui bordent le canal, jusqu'à l'habitation que nous cherchions.

Matsmoto est chez lui; il vient nous recevoir dans la cour d'entrée; mais, dès les premiers mots, sa figure trahit un visible embarras.

Nous voilà nous-mêmes assez gênés. Est-ce que cette amitié qu'il nous avait témoignée à bord devait cesser sur la terre ferme?

Est-ce que nous venons le surprendre dans un mauvais moment? Est-ce que...?

Rien de tout cela.

Matsmoto se demande, inquiet, comment il pourra nous recevoir dans ses appartements sans nous faire ôter nos souliers, ou, pour mieux préciser la question, il se demande comment il nous fera ôter nos souliers afin de pouvoir nous faire entrer chez lui.

Car les maisons japonaises sont d'une telle propreté que la moindre chaussure boueuse ou poussiéreuse ferait tache et gâterait tout. La natte moelleuse, étendue dans toutes les pièces sert à s'asseoir, à manger, à dormir; il faut qu'elle soit toujours irréprochable et la visite d'Européens, qui entrent tout bottés dans ces cases proprettes, cause à l'indigène une pénible sensation.

Pourtant Matsmoto se risque.

— Voulez-vous me faire l'amitié d'entrer?

— Mais certainement.

— Est-ce que cela vous ennuiera de quitter vos bottines?

— Du tout. Au contraire. Avec grand plaisir!

On nous avait prévenus.

Et voilà la figure de notre hôte qui s'épanouit.

Franchement, ceux qui se privent de la joie d'être agréables aux Japonais en n'acceptant pas ces petits détails de mœurs, ont bien tort.

Désarmés de nos chaussures, nous gravissons un petit escalier de bois étroit et raide; chaque marche est vernie, luisante comme une boîte de laque.

Matsmoto nous reçoit dans une chambre immense entièrement ouverte de deux côtés. Voyant notre étonnement de la dimension inusitée de cette pièce, il nous fait observer qu'elle se compose d'une douzaine de chambres dont on a enlevé les cloisons à coulisse afin d'établir des courants d'air; la chaleur de la saison est admirablement combattue par ce procédé fort simple qui consiste, comme on voit, à supprimer les murs de l'habitation.

Quelques frises à jour indiquent çà et là contre le plafond les séparations des appartements et révèlent le plan de la maison lorsque les cloisons sont placées.

Par les vastes ouvertures, à travers des galeries découpées, la vue s'étend sur des jardins et sur un canal qui tourne gracieusement et laisse voir en face ainsi qu'à gauche des perspectives sans fin de ces magasins en forme de châteaux forts que les Anglais appellent *godowns*.

Ces constructions percées de rares meurtrières sont formées d'une sorte de pisé gris qu'on dit incombustible. Les toitures bizarrement contournées en accolade sont accusées par des bourrelets de tuiles noires vernies et brillantes qui forment sur le ciel des festons énergiques et irréguliers.

Dans ces magasins que le canal dessert de la façon la plus commode, les riches négociants de Tokio accumulent leurs approvisionnements et leurs trésors commerciaux.

La pièce où nous nous trouvons n'a pas un seul meuble. Dans un renfoncement se trouve seulement un superbe vase en vieux shizen; c'est là tout le mobilier. Aussi on nous offre de nous asseoir par terre.

Une vieille servante nous apporte le *shibashi* d'abord, petit brasero de faïence flanqué d'un tube de bambou sur lequel on frappe la pipe pour en faire tomber les cendres.

Puis, elle apporte du thé dans une toute petite théière qui suffit à peine à alimenter trois tasses microscopiques.

Elle revient enfin une troisième fois pour nous offrir des petits gâteaux, fort bons vraiment, que nous essayons vainement de saisir avec les baguettes de bois qu'on nous met aux mains pour cet usage.

Tout cela est charmant, mais nous ne serions pas fâchés de voir réaliser les projets d'excursions à travers la ville dont nous a parlé notre hôte.

Matsmoto comprend notre impatience, et nous partons tous les trois pour les jardins sacrés du temple d'Assaksa.

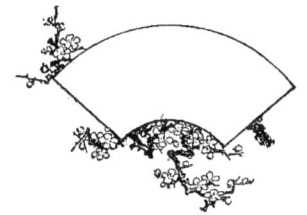

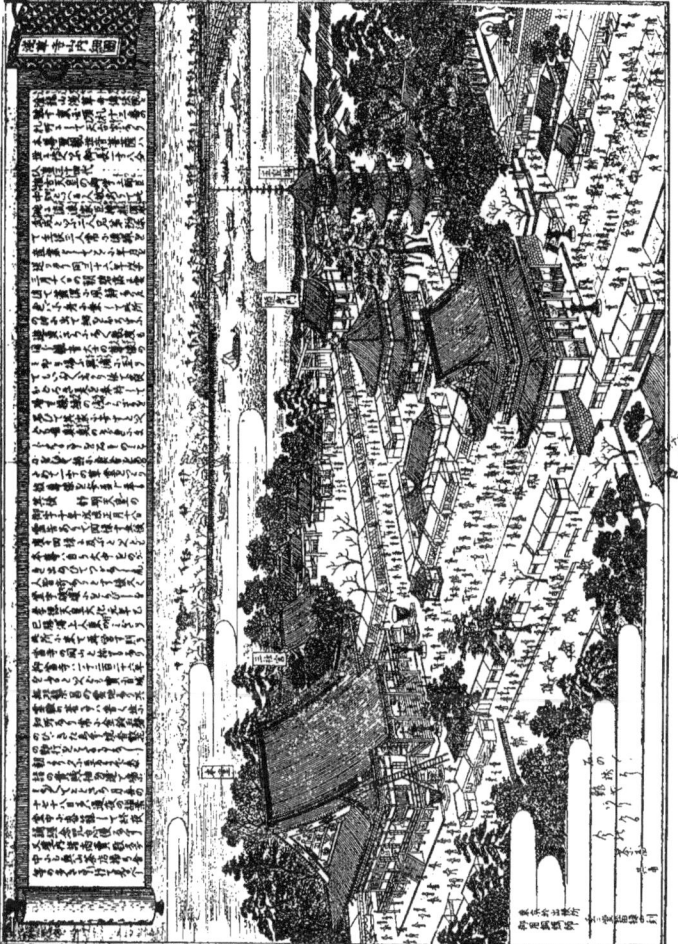

Assaksa, vu à vol d'oiseau.
(Fac-similé d'un dessin japonais.)

XI

COMMENT ON FAIT SA PRIÈRE

Nous arrivons au temple par une avenue dallée de larges pierres et bordée de petites boutiques, où l'on vend surtout des joujoux.

Au bout de l'avenue est l'entrée des jardins. Porte immense à la toiture énorme, sous laquelle pendent des lanternes gigantesques en papier rouge, ornées de gros caractères blancs et noirs.

A droite et à gauche dans de vastes niches sont les deux statues colossales des gardiens du temple, Nios grimaçants, terribles, au corps rouge, aux draperies mouvementées, armés de lances formidables, effrayants autant que possible, mais très bons enfants dans le fond.

Là commence la série des actes religieux qu'on peut accomplir en l'honneur du dieu Quanon. Le long des grilles qui entourent les statues on suspend en *ex-voto* les sandales de paille qui ont servi à faire le pèlerinage. Parfois, pour ne pas encombrer de chaussures pourries le portique du temple, on remplace la quantité par la qualité et une société de pèlerins se cotise pour offrir au Nios une seule paire de sandales, mais quelles sandales! Un mètre de long! Ce sont des vrais monuments.

On ne tarde pas à s'apercevoir que la préoccupation des fidèles est d'éviter les distractions incessantes que les dieux ont évidemment. Combien, en effet, ne voit-on pas de prières non exaucées? Et la manière dont va le monde indique bien que ceux qui le mènent ne sont pas bien à leur affaire ; aussi on ne néglige rien pour attirer l'attention des êtres qui ont la puissance infinie.

Pour commencer, on cherche à obtenir les faveurs ou tout au moins la bienveillance des portiers qui gardent le dieu. On leur explique que l'on est venu de loin, que le voyage s'est très bien passé, détail qui montre que le dieu est déjà bien disposé, et pour preuves, en guise de cartes de visite, on dépose ses souliers chez le concierge.

Mais cela ne suffit pas ; il faut que les préposés aux mystères de la porte veuillent bien avertir leur maître de la présence des étrangers, et, pour ce faire, on écrit une lettre en forme de prière adressée au dieu; on lui annonce l'heureuse arrivée des pèlerins et on le prévient qu'il ne va pas tarder à recevoir dans le grand temple la visite officielle et la prière définitive. Mais comment faire parvenir à son adresse cette missive d'introduction?

L'entrée du temple d'Assaksa.

La chose est bien simple. On mâche la lettre écrite, on en fait dans la bouche une boulette molle et collante et, d'une main adroite, on lance le paquet sur une des statues. Si la boule blanche s'écrase et s'attache au corps rouge du concierge, la lettre sera remise.

Un fait singulier, c'est que, lorsque l'on accomplit cette cérémonie et qu'on est en même temps affligé d'un mal de dents, la douleur cesse au moment même où la boulette touche la statue.

La chose a été si bien remarquée que, dès qu'on a mal aux dents à Tokio, alors même qu'on n'a point l'intention de pousser jusqu'au grand temple, on vient devant la porte du jardin, on mâche son petit papier, on le lance et l'on s'en retourne parfaitement guéri.

Les énormes statues finiraient par disparaître sous les couches, indéfiniment renouvelées, de papier mâché. Pour les sauvegarder, on les a mises en cage et entourées d'un grillage à maille serrée. Mais les dévots sont adroits et ingénieux et trouvent moyen, en divisant leur projectile d'atteindre les colosses rouges dont les membres furieux se couvrent peu à peu d'une croûte informe et grisâtre.

Des nuées de pigeons volent autour de nous et viennent de temps à autre s'abattre bruyamment sur le sol. Ceux-là sont aussi des messagers qu'on peut charger de transmettre les prières. Une poignée de grains qu'on leur jette a fait souvent réussir bien des entreprises. En effet, ces pigeons vont et viennent, tantôt ils se posent sur un temple, tantôt sur l'autre; quelquefois même, on les voit s'accrocher à l'épaule d'un dieu de bronze et lui parler à l'oreille; ils pénètrent sans hésiter dans les sanctuaires et rasent de l'aile les objets sacrés. On sait très bien que leur principale occupation est de mettre les dieux au courant de tout ce qui se passe; sans cela à quoi servirait cette grande activité qui ne leur laisse pas un moment de repos; pourquoi iraient-ils ainsi, sans s'arrêter, d'un temple à l'autre; et pourquoi, dès qu'ils ont mangé les grains qu'on leur jette, vont-ils au plus vite se percher sur les corniches sacrées?

Tout cela prouve bien qu'un des meilleurs moyens de faire connaître au dieu le but de la visite qu'on lui fait, c'est de jeter aux pigeons une poignée de riz.

Des marchandes ont préparé dans des petites coupes la ration nécessaire pour se faire bien venir des messagers ailés et elles ont fort à faire, armées d'un long bambou, de défendre leur denrée sacrée contre les attaques effrontées des pigeons divins qui savent parfaitement que ces provisions leur sont destinées.

Un autre système meilleur, mais plus cher. Vous voyez ces cages remplies de petits oiseaux. Achetez-en un, et, tout en le tenant dans la main, expliquez-lui bien votre cas; puis, ouvrez la main; l'oiseau s'envole, la prière est faite.

Voulez-vous mieux que cela? Seulement, c'est encore plus coûteux.

Sur la gauche, dans cette maison basse ouverte sur le devant, il y a un petit cheval jaune à crinière blanche. C'est la monture du dieu. Tous les matins on conduit le cheval au temple et l'on demande à Quanon s'il veut faire une promenade. Généralement, il refuse et l'on ramène le cheval à l'écurie. Mais ce cheval, qui reçoit tous les matins le regard de Quanon, lui apporte en même temps les vœux dont on l'a chargé tout le long de la journée précédente. Voyez, en effet, avec quel empressement on lui apporte des petites soucoupes pleines de fèves grillées; chaque soucoupe est accompagnée d'une prière et l'animal en avalant les graines prend l'engagement de transmettre la supplique.

Vous me direz peut-être que, sur la quantité, le cheval peut s'embrouiller, oublier, mal faire les commissions dont on le charge. Alors faites mieux : donnez une forte étrenne à son gardien et le palefrenier

La prière des enfants.

du coursier sacré ira avec vous au temple en conduisant le cheval par la bride.

Dans ce cas, si vous avez bien expliqué à la bête de quoi il s'agit, nul doute qu'elle ne fasse comprendre à son dieu le but de votre visite.

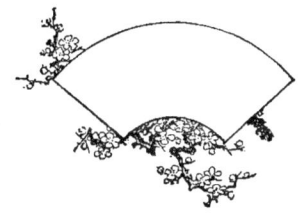

L'entrée du temple d'Assaksa.

XII

MÊME SUJET

Après la porte d'entrée, l'avenue, flanquée toujours des deux côtés de boutiques bien achalandées, conduit jusqu'au grand temple.

Sur la droite, se dresse dans les arbres une tour à cinq étages. Chaque étage représente un des degrés de perfectionnement que peuvent atteindre les êtres, et les principaux bouddhas sont figurés dans l'intérieur. On trouve à la porte quelques instruments de percussion ; marmite en bronze, dont on frappe le bord, ce qui produit un son de cloche, vaste tambour orné de gros clous, et, au-dessus de la porte, un gros grelot plat que l'on fait vibrer au moyen d'une lourde corde suspendue à côté. Tous ces accessoires du culte sont destinés à attirer l'attention des bouddhas. Chaque coup frappé vaut une prière.

Plus loin, une vaste salle contient quelques statues et notamment les dieux guerriers qui gardent les points cardinaux. Chacun d'eux armé de pied en cape terrasse un diable, absolument comme saint Michel. Ils ont des figures bleues, rouges, vertes ou blanches selon les directions qu'ils représentent et l'on peut se demander si ces couleurs n'indiquent pas certaines races d'hommes qui habitent au Nord, au Sud, etc. Mais, comme ces couleurs varient suivant les sectes et comme, d'autre part, la race verte est encore à trouver, il est plus sage de constater les couleurs de ces dieux sans y chercher trop de significations.

Au centre de la pièce, est une immense bibliothèque à huit pans qui peut tourner sur un pivot. Là, sont renfermés les huit principaux livres de la religion bouddhique ; ceux qui les ont lus d'un bout à l'autre sont réputés de grands docteurs et, plus que personne, sont aptes à devenir bouddhas ; mais tout le monde n'a pas le temps de se livrer à une lecture aussi formidable, et puis tout le monde ne lit pas couramment, et, comme l'intention est réputée pour le fait, il est convenu que, si l'on fait faire à la bibliothèque un tour entier, on est censé avoir lu tous les livres sacrés et on se trouve aussi sanctifié que les malheureux qui ont pâli sur les textes pendant des années. Ce n'est plus qu'une question de force musculaire, car la bibliothèque est fort lourde ; mais à ce système les pauvres d'esprit ont beau jeu.

C'est Fou-daï-si qui inventa ce procédé de science religieuse mise à la portée de tous ; aussi on lui a élevé des statues et nous le voyons, devant son chef-d'œuvre, représenté entre ses deux fils.

Peut-être s'est-il inspiré dans son invention de cette formule si souvent répétée dans les livres du bouddha Sakia Mouni, *faire tourner la roue de la loi,* formule obscure, peu élucidée jusqu'à présent, mais que

Au dehors, dans les jardins, sont beaucoup d'autres temples. (Page 83.)

l'on a prise ici tout à fait au pied de la lettre, car on me montre des roues pivotant contre les murs; or il suffit de leur faire faire un ou plusieurs tours pour remplacer la lecture laborieuse de livres incompréhensibles.

Le grand temple de Quanon tout peint en rouge se dresse en face de nous. C'est une vaste salle sombre, écrasée entre un toit immense et un perron colossal.

Beaucoup de petites niches de saints ornent l'intérieur. L'aspect général est assez effrayant. On brûle beaucoup de bougies, soit devant le dieu, soit sur des candélabres placés à la porte et où on allume les cierges offerts par les fidèles, car l'incinération d'un cierge est aussi une prière. De même que l'encens, dont nous sentons les effluves, est une offrande qui plaît aux dieux, et un grain de parfum, offert à propos, assure le résultat d'un pèlerinage.

Le sanctuaire est défendu par de lourds barreaux qui forment jubé. Les chapelles sont grillées. On dirait qu'on a mis les dieux en prison. En somme, à part le dieu des malades dont la statue s'use et s'amincit sous les attouchements, on ne voit aucune idole; ce n'est pas qu'il en manque, mais tout est caché, tout est enfoui dans une obscurité mystique : c'est à peine si l'on aperçoit, à travers les cierges, le rideau du sanctuaire, sur lequel est vaguement indiquée la silhouette de Quanon. Du plafond pendent, comme des stalactites, d'immenses lanternes, des baldaquins à longues franges, des oriflammes couvertes d'inscriptions, et cette forêt à la renverse assombrit encore cet intérieur sacré.

Au dehors, dans les jardins, sont beaucoup d'autres temples. On nous montre le dieu du tonnerre, celui du vent; on nous présente à Foudo-Sama, le dieu punisseur, dont la chapelle est encombrée de clients terrifiés qui prient avec ferveur, quelques-uns avec véhémence.

La prière se fait généralement debout et les mains jointes, quelques femmes se mettent à genoux. L'adorateur fait toujours précéder son oraison d'une offrande, un simple petit sou qu'on jette dans d'immenses tirelires grillées, placées, à cet effet, devant tous les sanctuaires : aussi on entend un bruit continuel de sous qui tombent, de gongs qui vibrent et de timbres qui sonnent.

Souvent on attache aux barreaux des grilles un bout de papier, sur lequel on a écrit le nom du fidèle et une courte prière ; c'est la carte de visite. Parfois on plante un clou contre un des poteaux, mais ce procédé est moins respectueux ; il est employé surtout par les gens qui se piquent de sorcellerie et ont la prétention de forcer le dieu à leur obéir ; le clou est une mise en demeure.

Certaines femmes exaltées et poussées par un désespoir d'amour quittent leur demeure à deux heures du matin, l'heure du *bœuf;* trois bougies allumées leur servent de coiffure ; leur kimono blanc, de forme cabalistique, donne à ces femmes un aspect étrange ; sur leur poitrine resplendit un miroir métallique ; sur leur ventre, est attaché un timbre qu'elles frappent avec un maillet en forme de croix ; un poignard est caché dans leur sein.

Elles se dirigent, ainsi accoutrées, vers le temple d'Assaksa.

Leur devoir est de tuer tous les passants attardés qu'elles rencontrent sur leur chemin. D'aussi loin qu'elles les aperçoivent, elles s'élancent à leur poursuite, et les malheureux se cachent où ils peuvent, dans les ruelles, sous les ponts, dans les égouts, afin de laisser passer les *dévotes de l'heure du bœuf,* qui continuent leur chemin, échevelées et animées d'une fureur sacrée.

Arrivées au temple, elles font leur demande, prononcent certaines formules d'évocation et plantent un clou.

Huit nuits de suite, après avoir jeûné tout le jour, elles se livrent à ces opérations de sorcelleries, et, si tout s'est bien passé suivant les règles, si elles ont la foi voulue et la conviction nécessaire, à la huitième nuit elles trouvent le sanctuaire défendu par un énorme taureau noir, qui est couché.

C'est le moment critique. Il faut qu'elles s'élancent sur l'animal, et le franchissent d'un bond; si elles réussissent, le taureau disparaît et la demande qui a fait l'objet de la neuvaine est forcément accordée.

A Kioto, au temple de Quanon de Kiomidzou, qui est placé au-dessus d'un précipice tapissé de cerisiers à fleurs roses, le sortilège peut se compliquer d'une dernière épreuve. La *dévote de l'heure du bœuf* croit devoir s'élancer dans le gouffre, et, si elle est bien en règle avec tous les détails de l'opération, elle descend tranquillement dans l'espace et se trouve saine et sauve au fond de la vallée.

Inutile de dire que, généralement, ces malheureuses sorcières trouvent la mort dans cette dernière épreuve; car, s'il est encore possible de combattre un bœuf imaginaire, il est moins aisé, malgré les cerisiers en fleurs, malgré la conviction, de faire un saut de 100 mètres et de ne pas se briser les reins.

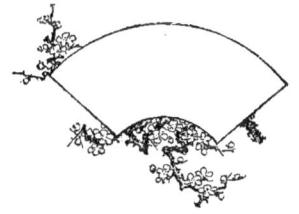

Entrée de la Maison du grand-prêtre, temple d'Assaksa.

XIII

JISO

Çà et là, à travers les jardins, on voit de fort belles statues de bronze montées sur des socles de pierre et généralement réunies en groupes serrés.

Ce sont particulièrement des dieux funéraires chargés de protéger les âmes dans l'autre monde et de veiller à la grande affaire de la transmigration. On y remarque surtout Amida, Quanon, Seïssi et Jiso.

Amida personnifie le pouvoir d'expliquer les lois divines, c'est l'éloquence basée sur le raisonnement : il prêche et dirige. On le représente ordinairement une main levée, l'autre tournée vers la terre, et toutes deux ayant le pouce et l'index réunis. Il est souverain de la région funéraire, placée à l'Ouest; son nom rappelle l'Aminti des Égyptiens, les champs Élysées des Grecs. Quelquefois, il tient la main gauche (les éléments, l'univers) réunie par le bout des doigts à la main droite (sa propre nature, son âme), ce qui symbolise l'identification des êtres avec Amida : c'est presque l'âme universelle.

Quanon se rapproche davantage de l'humanité. Il a pris trente-trois fois des formes humaines, et toujours ses incarnations ont eu pour but de sauver les hommes. Le peuple le considère comme une déesse, car souvent ce dieu tient sur ses genoux un petit enfant. Voilé comme la déesse d'Éphèse, il protège les bateliers comme Isis et multiplie ses bras comme Ishwara. Bienveillant pour les amoureux, secourable pour les défunts, préoccupé d'exaucer les moindres prières, surtout les prières des femmes, il vaut tout un Olympe; Hérodote l'eût pris pour Vénus, Pausanias l'aurait appelé Mercure et les premiers missionnaires chrétiens l'ont nommé Marie.

Seïssi le seconde dans son rôle funéraire et, à eux deux, ils présentent les âmes au grand juge Amida.

Quant à Jiso, c'était un des bienheureux bouddhas; mais il abandonna son état divin, pour descendre sur les mondes inférieurs. Il a ainsi visité six mondes particuliers, où les bouddhas étaient méconnus.

Ce dieu, dont le nom ressemble à celui de Jésus, est venu sur notre terre, s'est incarné dans le corps d'un prêtre bienfaisant, qui guérissait les malades et sauvait les âmes. Sa grande préoccupation est de tirer de l'enfer les petits enfants condamnés pour des fautes commises dans les existences antérieures, il veut les affranchir des péchés originels et c'est surtout pour cela qu'il a quitté le ciel.

Son rôle funéraire est considérable au Japon, et ses chapelles sont encombrées de petites stèles dorées, sur lesquelles on inscrit, en lettres noires, les noms des défunts qu'on recommande à Jiso.

Vêtu, tantôt de la toge sénatoriale du bonze de Ceylan, tantôt de la lourde chape sacerdotale du bonze japonais, il tient dans une de ses mains la boule de pierre précieuse et dans l'autre le sistre à anneau, sorte de caducée qui lui sert à conduire les âmes.

Un petit temple est entièrement rempli de ses statues en pierre, de

petit format et accumulées les unes sur les autres comme des harengs dans un baril. Devant ce sanctuaire on brûle beaucoup de petits bâtonnets odorants. Une peinture représente des enfants jouant à faire des châteaux avec des petites pierres ; mais d'affreux diablotins viennent à chaque instant détruire leur ouvrage et renverser l'édifice.

Il paraît que c'est là le genre de supplice que l'enfer bouddhique réserve aux enfants japonais.

A première vue, la punition ne paraît pas bien cruelle. Mais si l'on réfléchit qu'aucun peuple ne s'amuse autant que le Japonais, que sa grande préoccupation est le plaisir, on comprend que la privation d'une distraction, si futile qu'elle soit, devienne pour lui une véritable torture. Pour les enfants japonais surtout qui savent si bien se divertir avec un rien, qui se font un amusement de tout, même de l'école, pour lesquels on invente les jouets les plus ingénieux, la contrariété d'un amusement supprimé doit être un vrai désespoir.

Hé bien! Jiso ne veut pas qu'on empêche les petits enfants de s'amuser, de construire leurs légers châteaux. Il prend ces petits êtres sous sa protection, fait fuir les diablotins et procure, aux bébés, des paradis où l'on peut construire en toute sécurité des châteaux de petites pierres.

Est-ce pour cela, est-ce pour alimenter les jeux des enfants défunts qu'on couvre de petits cailloux les statues de Jiso?

Ici les explications sont variées. Les uns disent que, quand on a mal aux dents, — et la chose est fréquente au Japon, pays des courants d'air, — on pose sur un Jiso une petite pierre et le mal s'en va.

Les autres prétendent que, lorsqu'on adresse une prière à Jiso, il est bon de jeter un caillou léger sur sa statue. Si le caillou tombe, la prière est manquée; si le caillou reste suspendu, soit sur la statue, soit sur le socle, la prière est acceptée et sera exaucée.

D'autres enfin assurent que Jiso a entrepris tant d'affaires à la fois, se charge de tant d'âmes, accueille tant de prières, sauve tant d'enfants que... il ne sait trop où donner de la tête. Or, lorsqu'il était sur terre, il disait : « Venez à moi et laissez tout le monde venir à moi, surtout les enfants, et je sauverai tous ceux qui me parleront, me toucheront, ceux qui se feront connaître même en me faisant du mal. Je ne puis pas avoir de relations avec tous les êtres, mais tous ceux qui m'avertiront de leur existence seront sauvés. »

Et l'on a pensé qu'un attouchement de la statue pouvait être bon, mais peut-être insuffisant; tandis qu'une petite pierre lancée à propos et avec adresse ne fait pas trop de mal, mais attire bien autrement l'attention des hommes et même des dieux.

Et l'on jette des pierres à Jiso afin qu'il ne vous oublie pas.

Tenez, voyez le long de ce bosquet cette rangée de six statues de Jiso en pierre. Chacune représente le dieu lorsqu'il était dans un des six mondes qu'il est venu sauver. Mais voyez comme ces dieux ont l'air malade!

D'abord de nombreuses blessures attestent qu'ils ont souffert; des nez enlevés, des oreilles cassées, des bras manchots, des visages déformés, des pieds incomplets, etc.

Et puis tout un attirail de pansements indique qu'on les veut soigner; mentonnières nouées sur la tête, œil bandé, bras en écharpe, jambes entourées de linges, torses couverts de cataplasmes, etc.

Les blessures sont le résultat des coups de cailloux que les statues ont reçues de leurs adorateurs.

Les soins qu'on leur donne ont pour but, non de les guérir, mais de les engager à guérir des maux qu'on a soi-même.

Ainsi nous avons vu dans ce jardin d'Assaksa bien des manières de faire des prières ; il nous restait à trouver des dieux qu'on entoure de remèdes pour se faire du bien, et ceux dont on s'attire les faveurs en leur cassant le nez.

Cimetière et boutiques de tir à l arc.

XIV

FOIRE BOUDDHIQUE

Notre guide Matsmoto ne se contente pas de nous montrer les monuments qui font l'ornement et la gloire du jardin d'Assaksa.

Il nous promène à travers les boutiques, les baraques de saltimbanques, les tirs à l'arc et tous ces établissements qui entouraient autrefois les temples païens et font encore maintenant l'animation des temples japonais.

Les marchands de jouets sont les plus nombreux. On vend aussi des fleurs, des livres, des peintures sur rouleaux. Il y a des bouquinistes et les vieux manuscrits ne sont pas rares.

Maisons de thé, cabarets de boissons glacées à l'américaine, restaurants japonais, voilà pour le côté matériel.

Dans des enclos on vend des fleurs, des plantes rares et de fort belles faïences pour servir de jardinières.

Les photographes, qui ne respectent rien, se sont introduits dans ce jardin sacré et les pèlerins peuvent avoir leurs portraits se détachant sur le grand temple.

La photographie, la lampe à pétrole et le chapeau forme melon, tels sont pour les Japonais les spécimens les plus flatteurs de la civilisation européenne. En vain on importe des cargaisons de produits élégants, commodes, bon marché, séduisants, avantageux, utiles et économiques; rien ne réussit. L'indigène se cantonne dans ses habitudes qu'il trouve plus agréables, il consomme ses produits qui lui reviennent moins cher et se sert de ses objets d'art qui lui semblent de meilleur goût. On retourne en Europe les cargaisons avec cent pour cent de perte.

Mais les chapeaux de feutre;

Mais les lampes à pétrole;

Mais les photographies;

Succès, succès, succès, comme disent les Américains.

Parmi les boutiques il faut signaler, en cherchant des euphémismes, les boutiques de tir à l'arc. Ce sont de charmantes jeunes filles qui en font les honneurs. Elles vous sollicitent à venir exercer votre adresse et profitent de l'occasion pour risquer force mots à double entente.

Il ne faudrait donc pas chercher là quelque chose d'analogue à nos tirs à la carabine. Les établissements d'Assaksa, loin de contribuer à développer la force et l'adresse des Japonais, les poussent à la mollesse et à l'oisiveté. Ils font le bonheur des jeunes gens et le désespoir des parents. C'est là qu'on trouve, comme habitués, les étudiants paresseux, les ouvriers flâneurs, les djinrikis en goguette.

Pour exercer son adresse, on s'accroupit sur la natte à côté des jeunes filles. Devant soi le carquois vous présente une auréole de flèches empennées. Au fond de la boutique, derrière une rampe formée d'un feston d'éventails dressés et ouverts, on a figuré sur une toile des lointains montagneux. Le trait lancé d'une main distraite va un peu où il veut : il s'agit de franchir les éventails et de ne pas toucher aux montagnes; la chose est aisée, mais l'on cause, l'on rit, l'on gesticule... et l'on manque.

Partie perdue, partie recommencée; et ainsi de suite. Entre temps on a fait plus ample connaissance avec les sirènes préposées au tir. Et si l'on se dit adieu, c'est pour se retrouver plus tard dans des parages moins fréquentés.

Les restaurants et les maisons de thé se présentent aux chalands avec des quantités de *tenogouis* bleus et blancs, suspendus à des bambous.

Chaque tenogoui est un mouchoir de poche, — si l'on peut appeler ainsi un morceau d'étoffe qu'on ne met jamais dans sa poche et dans lequel on se garderait bien de se moucher par la raison que les Japonais, même enrhumés, ne se mouchent point.

C'est donc un mouchoir de poche sur lequel on a imprimé en bleu sur blanc ou en blanc sur bleu le nom d'un voyageur, d'une corporation, d'une société de secours mutuels, d'une association artistique ou d'un pays.

Tout client satisfait de la maison où il est reçu, laisse en partant, en manière de carte de visite, son tenogoui dont on fait une réclame, et qu'on montre aux passants comme un livre de voyageurs.

Ici est une ménagerie ; là, un conférencier qui récite des scènes comiques ; plus loin, un théâtre de marionnettes ; à côté, un marchand d'oiseaux aux volières animées ; dans ce coin, on admire un prestidigitateur ; dans cette enceinte, on essaie des chevaux à vendre ; cet immense bâtiment contient des figures de bois et cette foule serrée entre dans un théâtre.

Nous ne pouvons tout regarder.

Contentons-nous des figures de bois et du théâtre ; puis, nous nous dirigerons rapidement vers les temples de Shiba.

La collection de figures de bois qu'on nous montre correspond aux collections de figures de cire qui sont exhibées dans nos foires européennes. Seulement, au lieu de présenter ce fouillis de personnages plus ou moins historiques, ce mélange incohérent de costumes défraîchis, cette accumulation de scènes variées qui s'entremêlent et font vivre côte à côte les assassins célèbres et les diplomates, les Turcs et les chasseurs de chamois, les reines et les bergères de Florian..., les Japonais veulent que l'illusion et l'impression soient plus complètes et ils soignent non seulement les types, les costumes, les attitudes, mais aussi le décor et l'éclairage de la scène. Ainsi chaque sujet représenté occupe une seule chambre avec une sorte de diorama qui figure un véritable tableau en relief.

Les sujets représentés sont des légendes divines ou des actualités.

On vend aussi des fleurs, des livres, des peintures sur rouleaux. (Page 93.)

Ici la religion est de toutes les fêtes et de tous les spectacles, malgré ce qu'en peuvent dire les Japonais progressistes qui se piquent de libre pensée; mais il s'agit d'une religion aimable, familière, commode, analogue à celle des Grecs, religion qui n'est pas gênante et n'empêche point de s'amuser.

Je remarque sur un rocher sombre un dieu Quanon drapé de blanc et voilé comme une vierge. Une autre représentation de Quanon est tout à fait prise au sérieux, car les visiteurs lui offrent des sous et des gâteaux : c'est la reproduction d'une célèbre idole de la province de Mino. Ce sont les impresarios qui profitent de ces offrandes et il est assez curieux de voir des saltimbanques vivre du casuel tout comme de vrais sacristains.

D'autres tableaux représentent des *Européens mangeant avec des fourchettes*, ce qui a paru longtemps incompréhensible. Une dame française apparaît dans un coin juchée sur un vélocipède; d'où les Japonais doivent conclure que les dames françaises n'ont pas d'autre moyen de locomotion.

Allons maintenant au théâtre, qui n'est qu'une baraque. La pièce qu'on joue est bouffonne quoique religieuse, et c'est un bonze qui fait les frais de l'amusement; — en plein jardin sacré, c'est assez osé.

Un mari vient de perdre sa femme; armé d'une épitaphe comique écrite sur une planchette, il vient commander au bonze l'enterrement de sa chère moitié. Discussion, jeux de mots, épigrammes, ripostes du bonze, plaisanteries du veuf. La pièce est dans ce trait final : effrayé des exigences du clergé, ému à la pensée des sommes folles qu'il va avoir à dépenser, le mari en arrive à regretter que sa femme soit morte.

Pendant la discussion, l'orchestre ou plutôt le chœur chantonne, pleure, rit, intervient, lance son mot, gratte la guitare, tape sur la calebasse ou la plaque sonore, ponctue les phrases et souligne les traits, tandis qu'un gamin accroupi sur le plancher de la scène accentue les moments à effets par un tremolo de baguettes de bois.

Le public est composé surtout de femmes et d'enfants et un écriteau nous apprend que ces derniers ne paient que cinq sous d'entrée, tandis que les grandes personnes paient dix sous.

Mais ce qui me frappe surtout, c'est l'élégance débraillée de tous ces personnages; on pense à la fois à Aristophane et à Labiche, il y a dans ces hommes de l'éphèbe et du gavroche; Athéniens par leurs jambes nues, finement chaussées de brodequins blancs, ils sont faubouriens par leurs chapeaux déformés et leurs casquettes de drap. Praxitèles changés en voyous, ils nous donnent certainement une idée du sans-gêne plein de grâce que devaient avoir les acteurs comiques du théâtre de Bacchus.

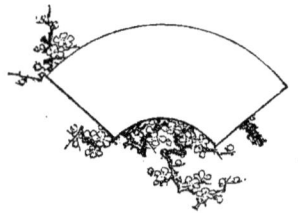

La pièce qu'on joue est bouffonne quoique religieuse, c'est un bonze qui fait les frais de l'amusement. (Page 99.)

XV

LA MARE DE LA VIEILLE FEMME

Il y a de cela bien longtemps.

Le beau temple construit à Assaksa par Yemitsou n'existait pas encore, ni même celui qui l'a précédé. Le dieu Quanon n'avait qu'un modeste sanctuaire à Itchi-no-Gonguen, sur les bords du fleuve Soumi-Dagava dans lequel, au viie siècle, on avait pêché la statue miraculeuse.

Cette même statue, qui pendant longtemps n'eut d'autre abri qu'une chapelle de rameaux verts et qu'on honore maintenant au milieu des richesses fastueuses du culte bouddhique.

Yeddo n'était pas encore.

Les voyageurs qui allaient du Sud au Nord ou du Nord au Sud faisaient halte sur les bords du fleuve, dans un hameau où, comme cela se voit dans les villages placés sur les grandes routes japonaises, toutes les maisons étaient auberges.

Une vieille femme vivait là avec sa fille qui était belle et gracieuse.

La maison de la vieille était petite et elle n'avait qu'une chambre à offrir aux voyageurs, mais elle aimait à faire son choix et s'adressait particulièrement aux jeunes gens bien mis qui voyagent à cheval et ont d'ordinaire la bourse bien garnie.

Elle forçait sa malheureuse fille à se tenir devant la porte et à attirer chez elle les galants cavaliers.

L'accueil était charmant, on le devine, et presque toujours le voyageur happé se décidait à passer la nuit en si aimable compagnie.

Mais, détail bizarre, la vieille n'avait à donner à son hôte qu'un oreiller de pierre. Pour les Japonais qui passent la nuit la tête durement posée sur un rectangle de bois, un moellon en guise de coussin peut ne pas surprendre beaucoup.

Or, quand le galant s'était endormi sur son oreiller, la jeune fille prévenait sa mère qui venait sans pitié écraser la tête du voyageur.

L'affreuse vieille vivait ainsi en s'enrichissant des dépouilles de ses victimes.

Et l'infortunée jeune fille ne savait plus ce qui était vertu ou ce qui était crime, faisant œuvre quotidienne de l'horreur et de l'infamie et n'ayant plus ni remords de ses méfaits, ni conscience de son abjection.

La justice humaine, de son bras incertain, aurait pu la punir; un dieu même n'aurait pu la sauver.

Son cœur devenu insensible n'avait plus ni amour, ni pitié. Quelles fautes avait-elle donc commises dans ses existences antérieures pour être avilie ainsi? Et quel sort épouvantable l'attendait au delà de la tombe?

Un jour, une violente émotion vint faire battre son cœur que plus rien ne savait émouvoir.

Elle attendait dans la rue le passage de quelque victime nouvelle, et justement sa proie se présentait à elle sous la forme d'un jeune homme d'une beauté ravissante. Mais jamais la vue d'un beau voyageur n'avait produit sur elle une pareille impression.

Certes elle en avait vu dont le teint était aussi blanc, et les yeux aussi vifs; certes, elle en avait vu dont les jambes étaient aussi élégantes et la démarche aussi noble; des lèvres aussi gracieuses avaient pris des baisers sur son cou, des bras aussi nerveux avaient enlacé sa taille... Qu'avait donc ce cavalier de plus que les autres pour la fasciner de la sorte?

Il avançait sur la route de l'air d'un homme qui cherche un logis. Son cheval jaune avec la crinière et la queue blanches le suivait comme un jeune chien et paraissait admirablement dressé.

Le premier mouvement de la jeune fille fut de se précipiter au-devant du jeune homme et de lui parler, mais tout d'un coup elle réfléchit au sort affreux qui attendait ceux qu'elle choisissait; elle frémit et s'arrêta.

Le bel inconnu s'avançait toujours.

Un violent combat se fit dans le cœur de la malheureuse. Lui parler, c'est la mort du voyageur; le laisser passer, c'est le désespoir pour elle.

La vieille intervint.

La jeune fille n'hésita plus.

Quelques minutes après, le cheval remisé dans le jardin paissait au bord d'un petit étang servant de limite à la propriété, et le beau voyageur soupait gaiment en compagnie de la gracieuse hôtesse.

Lorsqu'arriva le moment fatal, lorsque le jeune cavalier se fut endormi sur le makoura de pierre, la jeune fille se précipita avec désespoir dans la chambre de sa mère.

— Grâce, grâce pour lui!

— Tu es folle...

— Je n'ai jamais désobéi, je n'ai jamais résisté, je n'ai jamais formulé une plainte... mais cette fois...

— Dort-il?

— Pas encore...

— Tu mens.

— O ma mère, vous voulez donc le tuer?

— Oui!

— Eh bien! alors je vais le réveiller.

— Malheureuse!

La vieille fit un geste terrible.

La pauvre enfant s'affaissa le front sur la natte et ne releva la tête qu'en entendant sa mère qui cherchait dans un coin de la cuisine la seconde pierre qui devait tuer l'étranger.

La jeune fille s'éclipsa rapidement et la vieille put tout à son aise écraser selon son habitude la tête de la nouvelle victime que le sort lui avait livrée.

Le crime accompli, la femme se met en devoir de dépouiller le voyageur.

La pâle lanterne qui l'éclaire lui donne de singulières hallucinations, que dis-je? lui dévoile d'effrayantes vérités.

Ce n'est pas un homme qui est étendu là, c'est une femme, c'est sa fille! Oui, c'est bien sa fille qui est venue sauver l'inconnu, c'est sa fille qu'elle a tuée de ses propres mains!

Et l'étranger?

Dans le jardin, la lueur de l'aube naissante montre sur le sol humide des bords de l'étang les traces de pieds humains et de sabots de cheval. Le jeune homme a traversé la mare et s'est enfui.

Les grands criminels ont d'étranges retours sur eux-mêmes. Leur sensibilité émoussée devient tout d'un coup aiguë comme un poignard, parce que le malheur s'attaque à leurs intérêts et à leur propre cœur.

L'infâme vieille fut terrassée; elle sentit au-dessus d'elle le poids d'une main toute-puissante et vengeresse. Éperdue, affolée, elle court au temple de Quanon pour demander grâce et pour sauver son âme, si c'est encore possible.

Car Quanon est bon. Quanon est un dieu de pardon.

A gauche du temple elle voit, dans l'écurie sainte, le cheval consacré.

Singulière coïncidence, ce cheval est jaune avec la queue et la crinière blanches.

Elle arrive au sanctuaire, s'agenouille devant la statue et, levant les yeux, elle s'aperçoit que le dieu a les pieds salis d'une boue claire, encore humide.

Plus de doute. Le bel inconnu, c'est Quanon lui-même. C'est Quanon qui est venu mettre fin aux crimes de la vieille. C'est Quanon qui a voulu sauver sa fille en lui faisant racheter par un dévouement sublime toute une vie de perversion et d'horreurs.

Alors la femme, cachant sa figure sous sa longue manche, se retire la tête baissée et marche chancelante jusqu'à la mare qu'a traversée le dieu. S'avançant dans l'eau, elle s'y laisse tomber et se noie en poussant un sanglot de désespoir.

On nous montre, près du grand temple, la mare de la vieille femme, mare vénérée, puisqu'elle fut témoin d'une des trente-trois incarnations du dieu Quanon.

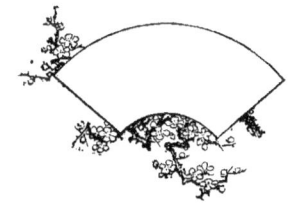

A gauche du temple elle voit, dans l'écurie sainte, le cheval consacré. (Page 107.)

XVI

SHIBA

os djinrikis nous mènent au parc de Shiba en passant par celui d'Oueno.

Ce n'est pas la route directe, mais Matsmoto est prévoyant et, comme il nous a promis de nous faire dîner ce soir à la japonaise, il pense que nos estomacs ne seront pas fâchés de se lester au préalable d'un lunch à l'européenne.

Or il y a justement à Oueno un restaurant des plus civilisés où l'on trouve des chaises, des des fourchettes et des vraies côtelettes de vrai mouton.

Le restaurant tenu par des Japonais est placé dans un jardin où l'art a déformé la nature au point qu'on se demande si ce sont des joujoux ou des arbres qu'on a sous les yeux.

La vue y est superbe, et le temps clair nous permet de voir dans le lointain les quatre-vingt-six marches de l'escalier d'Atago adossé aux collines de Shiba et que nous allons visiter.

Suffisamment restaurés, nous partons pour Shiba en traversant rapidement toute la ville.

Shiba est un ensemble de collines escarpées et boisées. Çà et là des chapelles dorées, des temples, des couvents aux murailles de papier blanc, des tombeaux sombres, des escaliers immenses, et des rangées de lanternes monumentales en bronze et du plus grand art.

Le tout petit temple shintoïste d'Atago, — le dieu qui préserve des incendies, — que nous avons déjà aperçu de loin, est placé sur une plate-forme tout en haut d'un escalier qui n'en finit pas et qui prend la montagne à l'assaut.

On m'assure que les chevaux japonais peuvent descendre par ces marches raides; j'en fais mon compliment aux chevaux japonais.

Quant aux dames japonaises, elles ne jouissent pas, à ce qu'il paraît, des mêmes talents, car un autre escalier plus étroit et plus doux serpente à travers les taillis ombreux, et c'est, me dit-on, l'escalier des femmes.

Sur la plate-forme, de charmantes jeunes filles, dont l'une a le profil de Marie-Antoinette, nous offrent du thé pendant que nous admirons la vue qui s'étend sur la ville et la mer.

Outre le temple, il y a des constructions en bois brut, les unes pour faire les prières, et les autres pour jouer les mystères; car la comédie sacrée fait partie du culte shintoïste, absolument comme dans les rites dionysiaques.

Les autres temples de Shiba sont bouddhiques et de la secte Djioodo.

On y arrive par une porte énorme, de style chinois et entièrement peinte en rouge, sorte d'arc de triomphe à trois entrées basses, surmontées d'un toit monstrueux qui, avec ses poutres en saillie et sa couverture, constitue les deux tiers de l'édifice.

Le temple principal, construit en 1632 par Yemitsou, fut brûlé en

. . . de charmantes jeunes filles, dont l'une a le profil de Marie-Antoinette. (Page 112.)

1873, ainsi que le grand clocher, par deux étudiants irrités des superstitions de leurs concitoyens.

C'est une chose curieuse à constater que cette sorte de honte que les Japonais instruits ont des croyances admises dans leur pays.

Lorsque le Japon s'est ouvert aux idées européennes, les Japonais qui étaient à la tête du mouvement ont eu le tort, à mon avis, d'être trop humiliés d'une infériorité qui n'était qu'apparente. Certes ils n'avaient encore ni usines à vapeur, ni école polytechnique. Mais que d'excellentes choses ils avaient, auxquelles ils renoncent sans raison.

Le Japon n'a pas assez confiance dans les mœurs du Japon; il fait trop vite table rase d'une foule de coutumes, d'institutions, d'idées même qui faisaient sa force et son bonheur. Il y reviendra peut-être, je le lui souhaite.

Or, une des premières choses que les novateurs progressistes auraient voulu détruire, c'est la religion locale; et il est arrivé que les efforts qu'ils ont faits pour cela n'ont eu pour résultat que de donner un regain de popularité aux croyances, et de forcer les clergés à se réorganiser et se perfectionner.

Le shintoïsme est devenu la religion d'État et le bouddhisme envoie en Europe ses jeunes séminaristes.

C'est ce qui exaspère les novateurs progressistes.

Or, un beau jour, deux étudiants indignés de voir les Japonais si arriérés ont voulu leur donner une leçon et ont mis le feu au grand temple d'Amida. C'était le plus beau temple du bouddhisme et ces farouches libres penseurs crurent porter à cette religion un coup vigoureux.

Un an après, ils furent saisis et sont maintenant dans les bagnes du gouvernement.

On voit pourtant d'autres temples qui sont d'une richesse inouïe.

Un jeune bonze, à la figure pâle, à la tête rasée, s'offre à nous les faire visiter.

Il nous introduit dans une cour où l'on vient rarement, car l'herbe a recouvert les dalles du sol. Tout autour sont des rangées de ces superbes lanternes de bronze, hautes comme deux hommes superposés.

C'est à peine si l'on voit le temple en laque d'or qui est là; car, pour le préserver des intempéries, on l'a enveloppé d'une housse de planches brutes qui le recouvre dans tous les sens. Mais, en se glissant entre l'enveloppe et le monument, on reste émerveillé de la beauté des détails.

On connaît ces délicieuses petites boîtes de laque dorée, relevées de sculptures délicates et légèrement coloriées; eh bien, tout le temple est de ce travail-là!

Les panneaux des murailles représentent des feuillages, des nuages et des oiseaux. Les colonnes sont fouillées comme des madrépores. Les ors sombres alternent avec les ors vifs, de tons différents, et les quelques taches de couleur qu'on a jetées sur les fleurs et sur les oiseaux ne font que relever d'accents gais un ensemble doux et harmonieux.

Le bonze nous ouvre la porte du temple et je suis d'abord frappé du peu de hauteur de l'intérieur, mais l'on m'explique que l'usage était de ne pénétrer dans cet édifice qu'en rampant; et encore la famille seule du Taïcoun avait le droit d'entrer dans cette salle en marchant sur les genoux et sur les mains. Les grands de l'empire, les fiers daïmios, restaient à la porte également prosternés et la foule des seigneurs s'avançait à quatre pattes dans la cour.

Ce cérémonial n'avait pas lieu à cause de la statue d'Amida qui brillait au fond du sanctuaire, mais parce que le temple est consacré au deuxième Shiogoun de la dynastie de Tokougava.

Les honneurs rendus aux grands ministres dépassaient les honneurs rendus aux dieux.

Quant à nous, il suffit d'enlever nos bottines et nous entrons tout debout sous le plafond surbaissé et fouillé dans l'or brillant. Je fais même le tour du sanctuaire qui a un petit corridor de ceinture comme dans les temples égyptiens.

Derrière le temple, une autre cour nous dévoile des perspectives incroyables d'escaliers noirs surmontés de chapelles dorées, qui se détachent sur les futaies immenses.

Nous franchissons ce décor d'opéra et, après avoir gravi de nombreuses marches appuyées sur la montagne, nous arrivons à un étroit enclos où se trouve le tombeau de bronze du douzième Shiogoun.

Les daïmios n'avaient pas le droit de venir où nous sommes. Ceux qui avaient cent mille mesures de riz de revenu pouvaient s'approcher jusqu'à la première barrière. Matsmoto nous explique que son père aurait eu la tête tranchée s'il avait fait le pas en avant qu'il vient de faire lui-même.

Il y a six tombeaux de Shiogouns à Shiba, sept à Oueno et deux à Nikko.

Le bonze au vêtement gris nous conduit dans une autre cour où l'on voit l'emplacement du temple brûlé et la grosse cloche qui vibrait les jours de fête dans le clocher détruit; on l'entendait de seize lieues.

Un temple a résisté à l'incendie. Son toit noir et or se détache sur la verdure de la montagne. Devant, de vastes bénitiers en pierre sont abrités sous des hangars aux poutres sculptées, peintes en blanc, rouge et vert.

Tout autour de nous des arbres plusieurs fois séculaires se dressent dans le ciel. Sur la gauche une éclaircie laisse apercevoir un vallon qui se prolonge au loin, hérissé de toits religieux.

Nous remercions le bonze et nous retournons dans la ville en traversant le chantier où l'on prépare les poutres sculptées qui serviront à réparer les temples endommagés.

Les ouvriers sont vêtus comme des clowns avec des maillots collants, et quelques-uns n'ont pour tout vêtement que le *foundoshi* règlementaire qui passe entre les jambes et sert de ceinture.

Que font donc en Italie nos élèves de l'École de Rome? C'est ici qu'ils pourraient étudier le jeu des muscles en plein travail. Voir des statues antiques, c'est bien; voir des statues vivantes, c'est mieux.

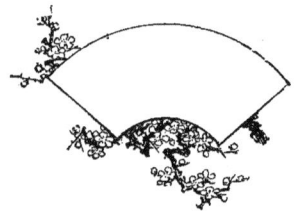

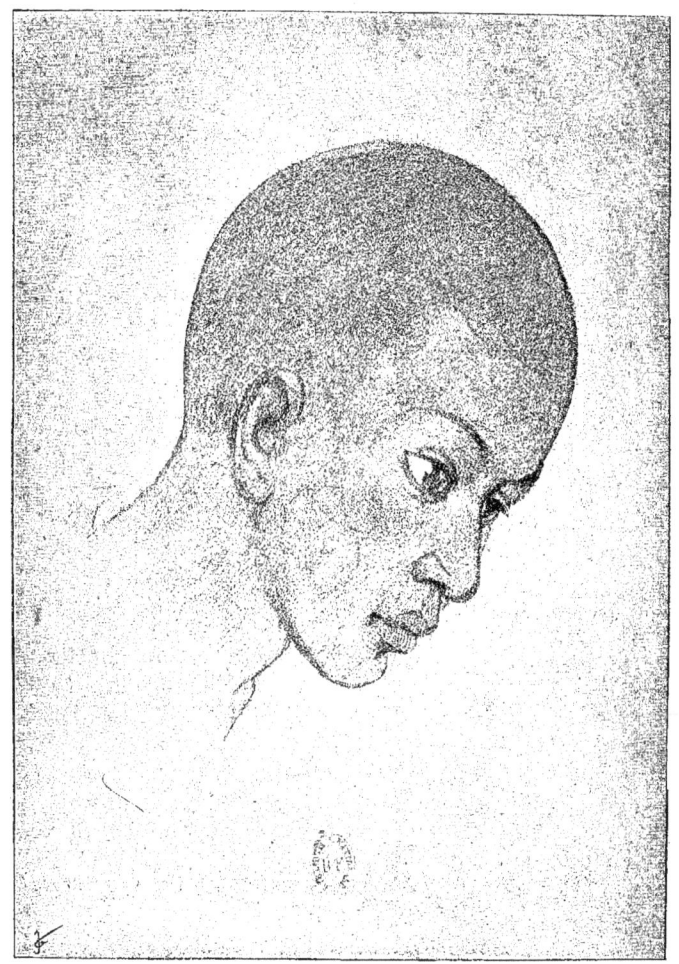

Le jeune bonze de Shiba.

XVII

LES DEUX AMANTS

Laissez-moi, n'est-ce pas, vous raconter une histoire sur l'origine des temples de Shiba?

— Peuh!......

— Seulement je vous préviens que ce sera un peu long.

— Oh! alors je préfère.....

— Puisque vous le voulez absolument, je commence :

C'est l'histoire de deux jeunes filles et de deux jeunes gens, quatre amoureux dont les aventures sont devenues célèbres au Japon?

Et comme ils sont *quatre,* le récit s'appelle toujours la légende des *deux* amants. Je n'ai pas pu éclaircir pourquoi on supprime les deux autres. Peut-être serez-vous plus heureux que moi.

La ville de Kioto, séjour de la cour du Mikado, s'était transformée, depuis la création du shiogounat, en ville des arts et en ville des lettres. Laissant les soucis de la politique à Kamakoura, Osaka ou Yeddo, la ville sainte et aristocratique de Kioto était devenue le lieu de rendez-vous des beaux esprits et des savants, des élégants et des artistes.

Les grands seigneurs, n'ayant rien à faire, ne pouvaient trouver le temps de mener à bien leurs occupations multiples; la poésie, la musique, la peinture, l'art de bien dire, l'art de s'habiller, l'art de faire des bouquets, l'art de saluer, l'art de boire le thé et bien d'autres aussi nécessaires absorbaient leurs moindres instants et peu à peu un nombreux personnel de professeurs, de peintres, de secrétaires devenait indispensable.

C'est ainsi que Sonoïké, personnage important de la cour, avait pris, pour l'aider dans ses travaux, le jeune Korétoki, natif d'Yeddo, et qui était venu dans la capitale pour prendre les belles manières et devenir savant.

Or Sonoïké avait une fille qui faisait son désespoir. Non pas que la pauvre enfant fût laide, ni méchante, ni bête, ni disgracieuse... Elle était, au contraire, d'une beauté accomplie, d'une rare intelligence, d'un caractère charmant; mais, depuis quelque temps, la plus noire mélancolie envahissait son âme.

En vain avait-on construit pour elle dans le jardin des pavillons de laque ornés de peintures exquises. En vain lui avait-on donné des suivantes aimables, pleines de talents de toutes espèces, sachant broder, chanter, réciter, jouer des instruments de musique, faire courir un pinceau sur la feuille de papier mouchetée d'or, jouer à ces mille jeux qui font la joie des Japonaises. La malheureuse Mmégaé promenait ses dix-huit ans au milieu de ces splendeurs et de ces plaisirs sans pouvoir dérider son jeune front déjà contracté par le chagrin.

A bout d'expédients, Sonoïké eut l'idée, un beau soir, d'amener chez sa fille le nouveau secrétaire qu'il avait engagé, le jeune Korétoki. Ce garçon avait une jolie voix et un grand talent de chanteur; il savait s'accompagner sur le *cotto*, la harpe japonaise; il était poète à ses heures; et le brave père pensa que toutes ces qualités pouvaient être utilisées pour distraire son enfant.

Mmégaé reçut le secrétaire avec beaucoup de politesse. Elle s'assit sur la natte à côté de lui et lui demanda immédiatement de lui chanter quelque chose.

— Dites-nous, monsieur, une chanson d'Yeddo, votre pays.
— Vous savez donc que je suis d'Yeddo?
— Oui, répondit Mmégaé, qui ne put s'empêcher de rougir.

Korétoki chanta et récita des poésies de son invention. Tout le monde admira son talent et le jeune homme fut trouvé charmant.

Mmégaé affirma qu'elle était tout à fait de l'avis des assistants et demanda que Korétoki revînt tous les soirs faire de la musique. Ce qui fut convenu.

Et l'excellent Sonoïké, ravi de voir enfin sa fille prendre goût à une distraction, ne savait à quoi attribuer ce changement.

— Je n'aurais jamais cru, se disait-il tout étonné, que ma fille aimât la musique à ce point-là.

Aussi tous les soirs le jeune secrétaire venait faire de la musique dans les appartements de Mmégaé.

Et la jeune fille, qui avait retrouvé sa gaieté, allait tous les jours de mieux en mieux. Ses parents étaient au comble de la joie de voir leur enfant revenue à la santé par les bons soins de Korétoki.

Mais ce dernier trouvait qu'on lui faisait un peu perdre son temps. Il était venu à Kioto pour étudier; or toutes ses soirées, qu'il aurait dû consacrer au travail, étaient employées à des amusements qu'il trouvait frivoles.

Korétoki était un garçon fort sérieux.

Korétoky était un garçon très travailleur.

Aussi Korétoki n'était pas content.

Un soir que le secrétaire se rendait chez la fille de son maître, on lui dit que, à cause de la chaleur, elle s'était réfugiée dans son pavillon laqué.

En effet, Mmégaé s'y trouvait et s'occupait à ranger des fleurs dans un vase. Elle était debout appuyée sur une table.

A cause de la chaleur, on avait enlevé de deux côtés les cloisons du pavillon, afin de former un courant d'air, et le jeune homme qui arrivait discrètement, sans que ses *tabis* blancs fissent crier le sable du jardin, put longtemps regarder la jeune fille avant que celle-ci s'aperçût de sa présence.

Le pavillon était élevé à deux pieds du sol, ainsi que toutes les habitations japonaises.

Mmégaé, gracieusement posée, apparaissait comme sur un piédestal et se détachait sur la clarté du couchant.

Elle n'était vêtue que d'une longue robe blanche, légère et un peu transparente. Son corps fin et délicat se profilait en silhouette, à travers les plis de son vêtement et il y avait dans toute sa personne tant de dignité et de charme que Korétoki crut voir devant lui une déesse de l'antiquité.

Voilà, certes, qui est bien japonais.

Un jeune homme voit tous les jours une fille charmante. Eh bien! il n'est touché ni par son esprit, ni par sa grâce, ni par ses talents, ni par ses prévenances. Il ne voit pas les tendresses de ses regards, il ne sent pas les caresses de sa voix.

Mais tout d'un coup cette même jeune fille se présente à lui dans un cadre, sous une forme à la fois picturale et sculpturale. Subitement il est saisi par l'harmonie des lignes, la pureté des contours, la douceur des demi-teintes. L'œuvre d'art fait battre un cœur que la femme seule n'avait pas touché.

Quand Mmégaé lui adressa la parole, il se sentit tout attendri et pendant la soirée il fut ému à ne pouvoir presque parler.

Ce soir, il se fit peu de musique.

On remarqua que Korétoki était triste; ce qui était d'autant plus singulier que jamais Mmégaé n'avait été plus gaie.

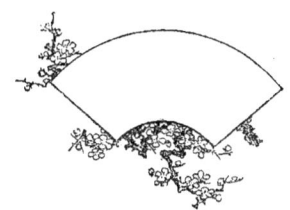

XVIII

OU L'ON PRÉSENTE UN AUTRE COUPLE

UISQUE je vous ai annoncé que je vous raconte l'histoire des deux amants, vous pensez naturellement que Mmégaé et Korétoki sont les deux amants en question.

Eh bien, vous allez voir.

Sonoïké fut chargé, par l'ordre du Mikado, de rédiger certain mémoire sur je ne sais quoi. Lorsque le travail fut terminé, il chercha quelqu'un possédant une belle écriture pour préparer la copie qu'il devait envoyer à son souverain.

Or, comme la santé de Mmégaé était tout à fait rétablie et comme, par conséquent, Korétoki n'avait plus besoin de la visiter chaque jour, Sonoïké chargea ce dernier de s'occuper de ce travail avec son autre secrétaire, le jeune Obana.

Mais voilà que Mmégaé, n'ayant plus de distraction, retomba malade à nouveau. La mélancolie revint la hanter encore plus fort qu'auparavant. Elle passait son temps, le coude tristement appuyé sur une table et répétait sans cesse les poésies qu'avait chantées le beau Korétoki.

Ou bien elle s'étendait sur la natte de la chambre et, la tête appuyée sur les genoux de Matsoué, sa suivante préférée, elle réfléchissait profondément. Puis, détournant la tête comme si elle voulait dormir, elle fermait les yeux. Mais à travers ses cils filtraient de grosses larmes qui tombaient larges et chaudes sur le fin kimono de Matsoué.

Une fois la suivante n'y tenant plus supplia sa maîtresse de soulager son cœur et de lui faire la confidence de son chagrin.

— Mademoiselle, dites-le moi. Vous aimez quelqu'un?

— Oui, répondit faiblement Mmégaé en fermant toujours les yeux.

— Vous aimez Korétoki!

Mmégaé cacha son visage avec sa large manche et sanglota.

Quand elle put parler :

— Oh! dit-elle, n'élevez pas ainsi la voix. Si l'on nous entendait!

Et, regardant Matsoué dans les yeux, elle ajouta à voix basse :

— Oui, j'aime Korétoki, oui, je l'aime de toutes mes forces et je ne puis m'empêcher de penser toujours à lui. Mais, ma chère Matsoué, maintenant que je vous ai ouvert mon cœur, c'est à votre tour de me faire des confidences.

Et ses yeux, encore mouillés de larmes, prirent une gracieuse expression de malice.

— Que me demandez-vous, mademoiselle? à moi qui jamais...

— Pensez-vous donc que je ne connaisse pas votre secret? Ah! Matsoué, vous voulez me cacher vos sentiments? Eh bien, j'ai quelque chose à vous montrer. Voici un joli petit billet doux que vous adresse Obana. Qu'avez-vous à répondre à cela?

— Comment, reprit vivement Matsoué la rougeur au visage, comment cette lettre est-elle tombée entre vos mains?

— Ne vous effrayez pas, ma gentille amie, je l'ai ramassée hier dans le jardin ; mais je l'ai cachée aussitôt pour vous la remettre. De plus, j'ai l'intention de prier mon père de vous marier à celui que vous aimez et si je me suis laissée aller à vous avouer mon amour, c'était pour avoir le droit de m'occuper du vôtre.

Levant alors les bras, elle saisit la tête de Matsoué entre ses mains fines et l'abaissa jusqu'à ses lèvres. La double confidence se termina par un double baiser.

Le même jour, après les chaleurs de l'heure du singe, Korétoki et Obana, lassés d'avoir écrit toute la journée, se promenaient dans le jardin en jouant de la flûte.

La nuit était venue et la lune, à son premier quartier, lançait à travers les massifs noirs des rayons de lumière pâle.

Tout en jouant, ils s'étaient assis au bord d'une pièce d'eau qui se perdait sous les branches d'un vieux *matsou*. L'air était calme et pourtant la surface de l'eau se ridait et venait clapoter en petites vagues aux pieds des promeneurs.

Cette tempête en miniature portait un navire, un tout petit bateau de papier qui s'avançait en oscillant et vint échouer sur le gazon.

Le bateau contenait une lettre que Korétoki, plein d'une douce émotion, saisit et lut avec avidité.

> Plaignez la pauvre jeune fille
> Dont le temps se passe à rêver
> Qui pleure et ne peut vivre
> Sans un regard de son amant.

Korétoki lisait et relisait, n'en pouvant croire ses yeux. Obana, bien élevé comme tous les Japonais, se retira pour ne pas être indiscret; mais il eut beaucoup de peine à étouffer les rires que lui inspirait l'air stupéfait de son ami.

Ce dernier restait plongé dans le ravissement, lorsqu'il vit s'approcher, flottant sur les eaux, un rameau de *matsou*, le pin du Japon, dont le langage symbolique le priait, de la part de la jeune fille, d'aller la voir le plus tôt qu'il pourrait.

Il prit alors son pinceau et composa les vers suivants :

> Deux choses dans l'univers
> A l'infini s'élèvent toujours
> Est-ce la fumée du Fouzi-Yama?
> Est-ce le sentiment de notre affection?

Quand les Japonais ont parlé du Fouzi-Yama, leur grande montagne, ils ont tout dit; et, quoique ce volcan soit éteint depuis longtemps, il est toujours très poétique de rappeler l'époque où son panache de fumée blanche se détachait sur le ciel éblouissant du vieux Nippon.

Korétoki ajouta à ses vers un post-scriptum dans lequel il faisait ses excuses de ne pouvoir se rendre à l'invitation de son amante, vu l'heure avancée.

Toujours convenable, Korétoki.

Puis il mit son billet dans le petit bateau de papier qu'il abandonna sur la pièce d'eau; et, remuant, à la surface, son rameau de matsou, il créa une agitation dont les vagues concentriques emportèrent, en s'élargissant, la frêle nacelle.

L'embarcation, ballottée par cette houle microscopique, ne tarda pas à disparaître sous les branches sombres du grand arbre.

Type de jeune japonaise.

XIX

ÇA SE COMPLIQUE

ENDANT que nos amoureux organisaient sur le lac du jardin un service régulier de paquebots en papier, Sonoïké se désespérait de voir sa fille perdre de nouveau la santé.

Il pensa que le grand air amènerait quelque amélioration et envoya Mmégaé et Matsoué chez une vieille tante qui habitait un superbe château dans un des pays les plus pittoresques des environs de Kioto.

Cette tante avait été dame d'honneur de l'Impératrice et tout se faisait chez elle avec un cérémonial princier.

Mais ni la beauté du paysage, ni les joies d'une politesse dont les rites dirigent tous les actes et occupent tous les instants, ne purent arriver à distraire la jeune fille.

Elle devint de plus en plus triste. Et, comme si sa maladie était contagieuse, sa suivante, Matsoué, se mit aussi à pleurer et gémir au milieu des splendeurs qu'on multipliait autour des deux invitées.

De sorte que le père, ne sachant plus à quel dieu se vouer, se décida à user du grand remède : le mariage.

Car au Japon, comme en Europe, le mariage a toujours été un traitement propre à guérir les maux des jeunes filles atteintes de mélancolie.

Il fit donc revenir Mmégaé à Kioto et prit le parti de la marier à Hana-no-Koogi, jeune noble fort estimé à la cour.

Pendant ce temps, Korétoki ayant appris que sa mère se mourait à Yeddo était parti subitement pour la capitale des Shiogouns.

Mmégaé apprenait à la fois les projets de son père et le départ de son amant. Elle faillit en mourir.

Matsoué, de son côté, s'aperçut que ses relations avec Obana l'avaient mise dans un état qu'elle ne pourrait bientôt plus cacher et elle résolut de se donner la mort.

Un soir, donc, elle se munit d'un de ces petits poignards que les femmes nobles portent sur elles, et attendit que tout le monde fût endormi pour mettre son funeste projet à exécution.

Avant d'en venir au coup fatal, elle repassa dans son esprit tous ses malheurs. Elle se fit, selon l'usage en pareil cas, un long monologue entrecoupé de sanglots, qu'elle ne put assez étouffer pour empêcher son amie Mmégaé de l'entendre pleurer.

Mmégaé, qui avait aussi ses raisons pour ne pas dormir, se précipita dans la chambre de sa suivante, et, saisissant le poignard, qui brillait déjà hors de son fourreau :

— Que faites-vous, Matsoué? Que voulez-vous faire? Perdez-vous la raison? Pourquoi vous tuer? Je ne vous permets pas de vous donner la mort.

Et elle ajouta d'un ton plus doux :

— Je vous aime tant, Matsoué! Et je ne compte plus que sur vous maintenant.

Le cadavre de la jeune fille était couvert de sang et ses vêtements étaient en lambeaux.

Le désespoir de Korétoki fut effrayant, et la solitude retentit de ses cris déchirants.

Lorsqu'il eut bien pleuré, il se leva et, serrant dans sa main les vers que Mmégaé venait de lui remettre, il recommanda à ses amis de veiller sur le corps, et prit le chemin de la maison de son père.

Il se fit reconnaître par les serviteurs qui gardaient la porte, alla droit à la chambre de son père, et se prosterna à côté du vieillard, qui était couché.

— Mmégaé vient de se tuer! s'écria-t-il. O mon père, ne pardonnerez-vous pas? Voici les vers qu'elle a écrits avant de mourir; vous y trouverez toute son âme et la preuve de sa pureté.

Le père saisit le papier et l'approcha de la grande lanterne carrée posée près de son makoura.

Quand il eut fini de lire, des larmes jaillirent de ses yeux.

— Donnez des ordres, dit-il à son fils. Que tout soit préparé pour faire à Mmégaé des funérailles dignes d'elle.

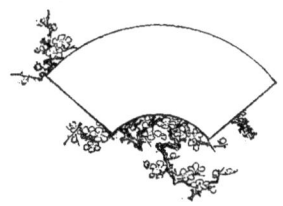

XXII

DEUX ET DEUX FONT DEUX

APRÈS ce cruel incident, Korétoki passa sa vie dans la tristesse. Pour ne pas laisser perdre le nom de sa famille et procurer à lui ainsi qu'à ses ancêtres les hommages dus aux mânes des morts, il adopta pour fils un enfant étranger.

Obana et Matsoué se retirèrent à Shiba, près de l'endroit où Mmégaé s'était suicidée. Le père de Korétoki fit élever là une petite chapelle dédiée au dieu Quanon, et organisa un petit monastère pour deux.

Le couple y vécut longtemps, s'occupant à des exercices de piété. Après la mort de ce ménage religieux, la famille de Korétoki installa un prêtre pour continuer à la chapelle les soins que lui avaient donnés Obana et Matsoué.

Or, quelques années plus tard, Yeyas venait d'installer le shiogounat à Yeddo. Il cherchait naturellement tous les prétextes pour embellir sa nouvelle capitale, et construisait volontiers monument sur monument.

Un miracle vint lui fournir une occasion de satisfaire son goût pour les édifices.

Il se promenait, un jour, dans les environs de la ville, accompagné d'une suite nombreuse, lorsque tout à coup son cheval se cabra et refusa de faire un pas de plus.

Le Shiogoun mit pied à terre et vit sur le bord du chemin une petite chapelle. Évidemment l'animal, plus sensible que les hommes aux influences surnaturelles, servait d'instrument aux dieux pour attirer l'attention du grand ministre sur l'humble chapelle qu'on avait érigée là.

Devant l'édicule un prêtre faisait sa prière. C'était la chapelle d'Obana et de Matsoué.

Le Shiogoun se mit à causer avec le prêtre, un certain Sonoo, qui était fort savant. L'entretien plut au ministre qui revint souvent voir le bonze pour s'entretenir avec lui des grands mystères si relevés et si compliqués de la religion bouddhique.

C'était bien le cas, pour garder le souvenir du miracle du cheval, de construire un temple et de remplacer la petite chapelle par un édifice digne de Quanon. La statue qu'avaient consacrée Obana et Matsoué existe encore dans le temple construit par Yeyas et rappelle la vie d'austérité et de prière que mena le pieux ménage, soit pour racheter des erreurs de jeunesse, soit pour honorer la mémoire de Mmégaé.

Yeyas construisit aussi la grande tour à cinq étages qui a été brûlée récemment ; il établit également les chapelles accessoires du grand temple et presque toutes les maisons de prêtres.

Ainsi furent fondés les temples de Shiba, qui rappellent l'histoire populaire des deux amants.

Maintenant, on peut se demander qui sont ces *deux* amants.

S'agit-il d'Obana et de Matsoué ?

S'agit-il de Korétoki et de Mmégaé?

Ce sont les deux premiers qui ont inauguré et entretenu la chapelle primitive.

La statue qu'ils adoraient figure dans le grand temple.

C'est pour les remplacer qu'on installa un prêtre d'abord, puis tout un clergé.

Eh bien, les deux amants, dont le souvenir a présidé à la fondation des temples de Shiba, ne sont pas Obana et Matsoué.

Obana était un secrétaire inférieur.

Matsoué était une suivante.

Ils ne comptent pas dans l'histoire.

Les seuls, les vrais amants, les amants indiscutables sont Korétoki et Mmégaé.

Parce que Korétoki est d'assez bonne maison, et que Mmégaé est une grande dame de la cour de Kioto.

Il faut être féodal et garder les distances jusque dans les souvenirs.

Voilà pourquoi, désirant être convenable, je ne vous ai pas raconté l'histoire des *quatre* amants.

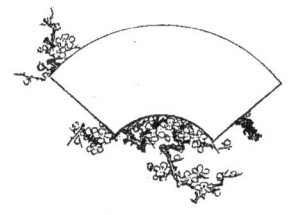

XXIII

RESTAURANT DE LA LUNE ET DES FLEURS

Après nous avoir fait visiter les principaux marchands de curiosités de la ville et nous avoir initiés à la connaissance de certains bibelots japonais, Matsmoto nous conduit, aux environs de la grande rue de Guïnza, dans un établissement indigène où nous devons savourer à la fois danses, musique et festin.

Cela s'appelle le *Restaurant de la Lune et des Fleurs*. Une petite cour précède la maison. Dans la cour un puits, un arbre, et le paysage est complet.

A peine entrés, une épouvantable odeur nous saisit. Matsmoto nous apprend qu'il en est ainsi ordinairement dans toutes les habitations japonaises où la civilisation n'a pas encore introduit les systèmes inodores.

Nous gravissons un étroit escalier, et l'on nous fait une chambre, en agençant quelques panneaux de papiers peints.

Notre aimable guide nous engage à suivre l'usage japonais, à prendre un bain avant le repas. J'hésite. Regamey, qui se livre volontiers à la couleur locale, n'hésite pas et revient, quelques minutes après, vêtu, ainsi que Matsmoto, de longs et amples kimonos japonais.

Je dois le reconnaître : Matsmoto est transformé ; il n'a nullement la prétention de lutter de beauté avec l'Apollon du Belvédère ; on peut même dire que, emprisonné dans la jaquette européenne, il a un aspect assez chétif et étriqué. Mais, tout d'un coup, il a pris la démarche d'un prince de l'antique Asie ; ses gestes harmonieux sont soulignés par les plis des draperies ; les fines attaches de ses pieds, de ses mains, de son cou, donnent de l'élégance à toute sa personne, et je ne comprends vraiment pas pourquoi les Japonais, qui ont un costume national commode, artistique et économique, se croient obligés de s'habiller à grands frais avec nos vêtements gênants et ridicules.

Aussi, tandis que nos deux compagnons s'étendent avec nonchalance sur la natte moelleuse, je cherche vainement une position qui ne fasse pas craquer mon pantalon et ne me donne pas de vagues ressemblances avec un singe à quatre pattes ou un ours savant.

Le repas commence.

D'abord du thé et des gâteaux spongieux (*kasteïra*) ; puis on apporte le potage, servi dans des tasses à couvercle en laque noire. Le potage (*soui-mono*) se compose d'un morceau de poisson bouilli, nageant dans l'eau en compagnie d'un cube de flan et de plusieurs petits oignons.

C'est très bien ; mais c'est avec de petits bâtonnets qu'il faut découper le poisson, en porter les fragments à la bouche, et retirer des lèvres les arêtes nombreuses qui encombrent le mets.

Faudra-t-il renoncer et mourir de faim ?

Le moment est dramatique.

Matsmoto nous offre ses conseils. Un des bâtonnets doit se tenir entre le pouce, l'index et le médium, absolument comme une plume à écrire ; l'autre bâtonnet s'introduit dans le pli que forme avec la main la

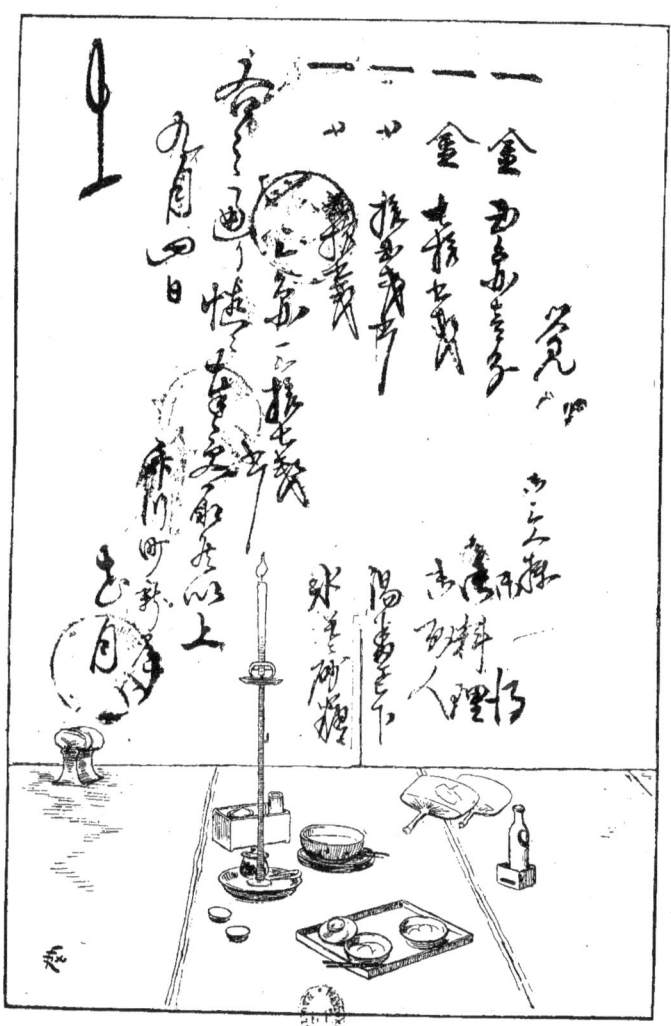

Le couvert sur la natte et la carte à payer, au restaurant de la lune et des fleurs. (Page 155.)

naissance du pouce, et, s'appuyant d'autre part sur la première phalange de l'annulaire, forme une ligne fixe de laquelle s'approche ou s'éloigne, comme une mâchoire, l'extrémité du premier bâtonnet. La

difficulté est de faire mouvoir la branche supérieure exactement dans le plan de la branche inférieure; pour peu qu'elle s'en écarte, les extrémités, au lieu de se réunir et de saisir les aliments, se dépassent et font tourner et tomber le morceau, juste au moment où l'on est sur le point de l'avaler.

Tant bien que mal nous ingurgitons le potage.

Deuxième plat : assiette de porcelaine rose et grise contenant des fragments de pieuvre (*amabi*) flanqués de confiture d'abricot et de quenelles jaunes, formant ensemble une sorte de moire orange (*koutchitori*). Cet étrange accouplement pourrait bien provoquer quelque révolte de la part de nos estomacs, mais les musiciennes sont introduites et leur arrivée amène une diversion salutaire.

Les jeunes filles se mettent à genoux en face de nous et accordent leurs instruments; elles me paraissent vouloir résoudre un problème insoluble, car elles y mettent beaucoup de temps et n'arrivent à aucun résultat appréciable.

L'une joue du *sa-missen,* la longue et mince guitare, ornée de peau

de serpent, dont les sons rudes et courts n'ont rien de musical. Une joueuse de sa-missen qui se respecte joue toujours faux; si elle chante, elle chante d'accord avec l'instrument, c'est-à-dire faux, ou du moins dans une tonalité que nous ne pouvons saisir et dont je trouve les intervalles toujours trop petits. Seraient-ce là les fameux quarts de ton de la musique grecque? Malheureux Athéniens, comme vous avez dû souffrir!

Une autre musicienne joue d'un petit tambour qu'elle tient de la main gauche sur son épaule et qu'elle frappe de la main droite. Les cordons de soie qui tendent les peaux du tambour sont réunis dans la main gauche qui les serre et les tend à chaque coup frappé, de sorte que le son *jappe* et crie comme un hurlement de phoque en colère.

Une frêle jeune fille se place devant un tambour incliné et tient longtemps levé le bâton qui doit frapper. Subitement elle l'abaisse et produit un son épouvantable. Où peut-elle prendre la force de faire un tel vacarme? L'art, l'étude assidue, les dispositions naturelles, le sentiment musical amènent à ces résultats. C'est beau, la musique!

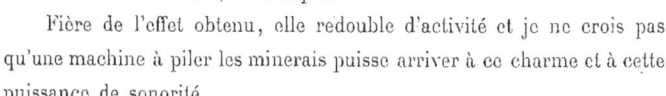

Fière de l'effet obtenu, elle redouble d'activité et je ne crois pas qu'une machine à piler les minerais puisse arriver à ce charme et à cette puissance de sonorité.

Enthousiasmée, elle chante en poussant des cris de chat écrasé. Le sa-missen s'anime et lance ses notes les plus déchirantes, tandis que le petit tambour aboie de son mieux.

Lorsque le morceau est terminé, ce dont on s'aperçoit parce que le bruit cesse subitement, il est d'usage d'offrir le *sakké* aux exécutants.

Le sakké, c'est l'eau-de-vie du pays, faite avec du riz fermenté et distillé. On le sert tiède dans d'élégants petits flacons de porcelaine. Les petits verres sont remplacés par des coupes minuscules, légères comme des coquilles d'œufs.

Chaque convive remplit une tasse, y trempe ses lèvres et l'offre à la musicienne, qui fait semblant d'en boire le contenu et, sous prétexte de laver la tasse, la vide dans un bol d'eau chaude préparé à cet effet.

On peut, par ce procédé, vider beaucoup de flacons d'eau-de-vie sans se griser sensiblement.

Tout cela se fait avec force politesses; les artistes se confondent en remerciements et reçoivent ces hommages avec la confusion modeste qui sied à des virtuoses sûrs de leurs talents.

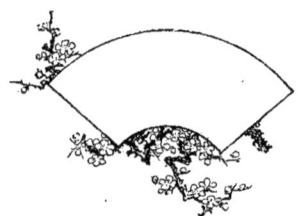

XXIV

DANSES ET FESTINS

Arrive une danseuse. C'est une enfant aux traits fins, qui se prosterne devant nous en déclamant une formule de politesse entrecoupée de beaucoup d'aspirations dentales, signe de déférence. Plus on aspire, plus on est poli.

L'orchestre accorde de nouveau ses instruments. La danseuse se lève et prend des poses. C'est une danse dramatique qu'elle exécute ; on retrouve dans ses attitudes les allures contournées des vieux dessins japonais. Dans sa pantomime, les traits du visage restent impassibles ; c'est une élégie à froid qui n'a que des gestes et point d'âme. Il est vrai que la pauvre enfant reproduit consciencieusement les mouvements qu'on lui a appris, mais qu'elle n'en connaît pas le sens. En passant à travers les âges, cette danse s'est transmise de génération en génération, et l'histoire représentée s'est perdue en route ; de même que certaines formules religieuses sont répétées pendant des siècles, alors même qu'on ignore ce qu'elles ont signifié. La danseuse nous raconte une histoire qu'elle ne comprend pas; elle danse peut-être en sanscrit comme un bonze fait sa prière.

Troisième plat : lamelles de *taï* cru. Le taï est un gros poisson rouge que l'on représente souvent avec le dieu Yebis. C'est un excellent manger, — quand il est cuit; — il rappelle la dorade et la surpasse en succulence. Ces lamelles, d'un rose pâle, sont servies dans un plat bleu à dessin blanc, et posé sur une petite grille de cristal sous laquelle on a glissé une feuille de laurier sombre; pour compléter l'harmonie du mets, un peu de purée de radis vert pomme fait camaïeu avec la feuille de laurier et lie entre eux tous ces tons bleus, verts et roses. Avec ce plat on apporte une tasse de porcelaine de Koutani rouge et or, dans laquelle on a versé la fameuse sauce japonaise (*shoïo*). Chaque morceau de poisson saisi avec les baguettes est trempé dans la tasse; c'est là le régal des Japonais et le mets national par excellence.

A ce moment la *guesha* ouvre un éventail et exécute un pas des plus gracieux. Seulement Félix en trouble l'ordonnance, pour faire de temps en temps arrêter la jeune fille, dont les mouvements sont si variés que le crayon rapide de l'artiste n'a plus le temps d'en fixer un seul.

La danseuse porte une robe grise transparente sous laquelle on devine un vêtement d'un rouge vif. Ses manches sont longues et sa ceinture est écarlate. Son éventail est couleur d'argent.

Est-ce que la musique japonaise serait comme les œuvres des grands maîtres qu'il faut entendre plusieurs fois pour y trouver du charme? Il me semble que je m'habitue au charivari que j'entends ; je me sens impressionné malgré que j'en aie.

Ces tonalités indécises, ces rythmes incohérents vont bien avec ces gestes imprévus.

La grâce des lignes, le choix des teintes, l'étrangeté de l'orchestre et des chants font un ensemble qui émeut. Surtout quand on avale, pour compléter la sensation, des lamelles de taï cru trempées dans la sauce dorée.

C'est de la couleur locale à haute dose. On se sent envahi par une poésie singulière, âcre et voluptueuse. Les musiciennes tapent et crient, la guesha s'anime, on est ravi...

Mais l'odeur, l'affreuse odeur qu'on avait oubliée et qui revient de temps en temps par effluves nauséabondes !

Ah ça, voyons. Les Japonais, qui ont l'œil artiste, qui ont peut-être l'oreille délicate..., les Japonais n'ont donc pas d'odorat ?

Allons, ne respirons pas et regardons.

Quatrième plat : du taï bouilli, servi dans une porcelaine verte à dessins dorés et ornée de quelques fleurs élégamment jetées.

Pendant que nous dégustons le taï bouilli, la danseuse s'est éclipsée. Elle ne tarde pas à revenir avec un nouveau costume.

Elle a mis une robe de soie d'un gris verdâtre, serrée par une ceinture rouge et bleue, rayée de dessins blancs. Elle porte sur tout cela, au milieu du dos, un formidable nœud en étoffe or et jaune. Une sorte de gilet de la même étoffe brillante apparaît sous sa robe autour de son cou.

Elle danse un pas animé sur une mesure de six-huit et chante en dansant.

Voici *à peu près* le sens musical de sa mélodie (*kapori*).

Mais je ne garantis pas du tout l'exactitude de l'air, car notre système de notation est tout à fait impuissant à rendre les intonations japonaises.

Cette danse est ravissante. Il me semble même que la joueuse de samissen joue presque juste. Quant aux chanteuses, elles persistent dans les notes indéterminées.

Cinquième plat : large assiette d'un bleu foncé sur laquelle on apporte un morceau de poisson frit, tout blanc, escorté de trois petits homards roses.

La danse est finie, mais nous la faisons recommencer, à la grande joie de la jeune fille qui n'est pas habituée, paraît-il, à un tel succès.

Aussi s'élance-t-elle avec plus d'entrain et se risque même à sourire en faisant ses pas. Mais, quelle que soit son animation, jamais elle ne saute ; le charme est surtout dans les poses toujours harmonieuses, grâce aux longs plis du vêtement. La danse à robe courte est peut-être une erreur.

Sixième plat : pour faciliter la digestion des aliments hétéroclites que nous avons avalés, nous utilisons les lois de la pesanteur en absorbant force tasses de riz bouilli relevé par des morceaux de concombre fermenté et salé.

Eh bien, on ne le croira pas : nous avons fait dans le maniement des baguettes de tels progrès que le riz saisi plus ou moins adroitement par nos bâtonnets, disparaît avec une certaine rapidité.

Encore une petite coupe de sakké et... l'addition...

Dont voici la traduction :

« SOMME DUE : deux *yens* (dollar), un *bou* (shilling) pour trois messieurs,
    « sakké et mets.
« IDEM : soixante-quinze *sens* (sous) pour les servantes de sakké (c'est-à-
    « dire les musiciennes, les chanteuses et les danseuses. (Pas
    « cher!)
« IDEM : douze *sens,* cinq *rins* (1/2 centime), étrenne aux préparateurs
    « du bain.

« Idem : vingt-cinq *sens,* glace et sucre.
« Total : trois yens, trente-sept sens, cinq rins (16 francs environ).
« Les sommes ci-dessus mentionnées, nous les avons reçues sûrement.
« Neuvième mois, quatrième jour, signé Takekavatioo Shin-Mitchi.
« Restaurant de la Lune et des Fleurs. »   (Ici le cachet.)

Matsmoto et Regamey reprennent leur affreux costume européen. Les jeunes filles ont disparu.

Nous remercions notre aimable guide et reprenons le train pour Yokohama.

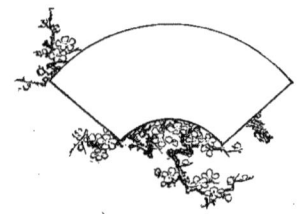

XXV

L'ART AU JAPON

D'où vient que le moindre objet japonais nous étonne par sa simplicité, nous émotionne par son étrangeté et nous charme par son harmonie?

Qui a donné aux singuliers insulaires du Nippon le goût, la sobriété, l'élégance? Qui les a doués de l'invention, de l'adresse, du talent?

La race, le climat, l'éducation. Trois facteurs ont amené cette résultante exquise : l'art japonais.

La race, quelle est-elle?

Écartons d'abord les Aïnos, qu'on a, bien à tort, donnés pour ancêtres aux Japonais. Mettons de côté ces sauvages poilus, amis du froid, figés dans leur ignorance, Sibériens égarés dans l'Océan, échoués, on ne sait quand, sur la partie la moins aimable de l'archipel japonais.

Restent trois types :

Le Coréen, pommettes saillantes, face en losange, œil bridé, teint jaune, membres grêles, taille minime. C'est le dernier venu; amené sans doute par la conquête, il est dominateur et guerrier. Les grands seigneurs qui ne sont pas de la *race des dieux* sont Coréens. C'est ce type étroit qu'on rencontre le plus souvent parmi les jeunes Japonais que le Mikado envoie en Europe et en Amérique.

Le Chinois : c'est un Coréen grandi et anobli. L'œil est moins bridé, la joue plus remplie, le teint gris. Il est de préférence commerçant et agriculteur. Il est venu au Japon à toutes les époques et généralement dans les périodes pacifiques, attiré par les échanges et le besoin de coloniser.

Comment appeler le troisième type? Celui qu'on trouve sur les peintures les plus anciennes, celui qu'on donne aux dieux, celui qu'on ne voit qu'au Japon?

Eh parbleu, c'est le type japonais! Autochtone peut-être, très ancien à coup sûr. Gracieux comme l'Annamite, élégant comme l'Indien, noble comme le Sémite, on le trouve chez les plus anciennes familles, mais aussi chez les plus pauvres ; djinrikis et grands seigneurs sont frères par la beauté. Dans les villages des montagnes, le profil devient caucasien, la peau blanche et la joue rose.

Donc, c'est entendu. Nous trouvons là la *race des dieux* du Japon née sur le sol comme le veut la légende, ou venue de fort loin comme c'est probable. Dans tous les cas, le type le plus répandu, mais panaché, croisé, compliqué par le Chinois et le Coréen.

Cette race habite, sous un climat doux et chaud, rafraîchi par les brises de mer, un archipel enchanté, où les montagnes vertes se mirent dans les golfes bleus. Partout les arbres géants alternent avec les bosquets fleuris, constellés de camellias ; sur les versants rapides, les azalées roses ou blanches étalent leurs plaques lumineuses ; çà et là, le polonia étage ses plumets de fleurs d'un bleu pâle. A l'automne, les chrysanthèmes monstrueux ressemblent à des soleils perdus dans la verdure ; dans les vallons humides, les bambous vigoureux dressent leurs tiges luisantes vernissées de noir et de vert ; les bambous, la vie du Japon qui y trouve ses maisons, ses meubles, ses ustensiles, les bambous, dont le feuillage léger et fin est un symbole de bonheur.

Du premier coup, le Japonais est resté émerveillé de la nature qui l'entourait. Il a admiré le sol bienfaisant, la mer poissonneuse; il a pensé sincèrement que des dieux se préoccupaient de le rendre heureux; il s'est montré plein de reconnaissance pour les forces surnaturelles qui lui donnaient la chaleur, la lumière, la joie du corps, la joie des yeux, qui faisaient mûrir sous ses yeux les fruits succulents, pousser sous ses pas les fleurs éclatantes, qui jetaient dans ses filets les poissons savoureux. Et il s'est recueilli, a joint ses mains, s'est incliné et a adoré. Qui?... Quoi?... Tout!

Le panthéisme était un devoir pour lui; le naturalisme, un besoin. Il s'est fait une légende, une Genèse enfantine comme un conte de bébé. Il a déterminé ses dieux et leur a donné des noms; mais, laissant dans l'infini les explications, les démonstrations, il a pensé qu'aucune méthode humaine ne pouvait préciser, qu'aucun talent mortel ne pouvait représenter ces prodiges incessants du sol japonais et le respect de la nature lui a évité l'idolâtrie.

Dans les endroits les plus beaux de son pays, il a élevé de petites chapelles (*mias*) en branchage ou en bois brut, couvert de chaume, mais il les a laissées vides. Ce sont des sanctuaires dont le dieu est partout. Comme les anciens prêtres de l'Égypte qui cachaient au fond des temples un *naos* inhabité, comme les prêtres de Diane qui vendaient aux croyants des niches creuses sans idoles, le Japonais voit l'Être suprême ailleurs que dans le bois qu'il façonne ou la pierre qu'il ajuste.

Ces mias semés dans la campagne ne sont donc que des symbolismes de sainteté. On les fait précéder d'un arc de triomphe (*tori-i*) en bois ou en pierre affectant la forme relevée des perchoirs de faucons. Sanctuaires et tori-is sont ornés, les jours de fête, de tresses en paille de riz (*simenava*), de rameaux verts de sakaki ornés de rubans de papier blanc (*gohei*). De même en usaient les peuples de la Grèce, lorsqu'ils sus-

Ces mias (chapelles vides) semés dans la campagne ne sont donc que des symbolismes de sainteté.
On les fait précéder d'un arc de triomphe (tori-i) en bois ou en pierre affectant la forme relevée des perchoirs de faucons.

pendaient aux colonnes de leurs temples des guirlandes de verdure garnies de bandelettes.

A certains moments, des citoyens officient. Ce ne sont pas des prêtres. Comme chez les veddhiques, comme à Rome, le sacerdoce est une fonction civile. Pour s'adresser aux dieux, on coiffe la tiare, on revêt de longs costumes où dominent le blanc, le noir, le violet.

Voilà la vraie religion du Japon, voilà sa croyance la plus ancienne, voilà le *Shin-to* simple, pur, grave.

Un peuple qui comprend ainsi le culte de la nature ne doit aborder l'art, ne doit toucher à l'imitation qu'avec une réserve, un respect, un amour, une conviction qui le sauvent de toute erreur et de tout mauvais goût.

Et voilà pourquoi l'art primitif au Japon est essentiellement correct, harmonieux et sobre.

Cette sorte d'austérité a eu son correctif dans le caractère même du peuple qui nous occupe. Le Japonais adore la nature, mais la nature est ici tellement gracieuse que forcément le Japonais est gai. Volontiers, le sourire ira jusqu'à la grimace ; les Téniers viendront chatouiller les Van Dyck sévères. La légende nous raconte que lorsque Amateras, aux longs cheveux, personnification du soleil, se réfugia, triste et confus, dans la grotte sombre qu'il ne voulait plus quitter, Okamé, la grosse réjouie, vint l'agacer par l'aurore de son large rire ; armée du sistre sacré, elle dansa devant la grotte et le soleil se montra de nouveau. Les peintres aiment Okamé. Sa figure ronde et joviale leur sert souvent d'enseigne. C'est dire que l'art sera sérieux, mais ne sera pas triste.

XXVI

L'HIÉROGLYPHE

i nous suivons l'historique de l'art japonais, nous allons trouver d'autres éléments venus du dehors, qui tantôt le modifieront, tantôt, au contraire, développeront avec plus d'intensité ses qualités natives.

Un beau jour, les Chinois arrivèrent important leur fétichisme taoïste, leur philosophie et leur écriture.

La sorcellerie grossière des Tao-ssé ne pouvait pas influencer beaucoup des gens qui n'ont rien à demander à la nature, puisqu'elle leur donne tout.

La philosophie de Confucius touche à peine aux croyances; elle écarte même avec soin toute dissertation sur les choses divines.

Si elle recommande le culte des ancêtres, c'est parce qu'il est social et moral; le culte du *ciel,* parce que cela dispense de croyances plus compliquées, et le culte des *esprits de la terre, du vent* et *des eaux,* parce que c'est un usage ancien. Cette philosophie ne pouvait toucher le Japonais que par ses côtés moraux et pratiques; elle vint donc s'ajouter à la philosophie shintoïste sans modifier les croyances déjà acquises sur la nature et sa sainteté.

Mais l'écriture chinoise fut pour les Japonais et pour l'art japonais un formidable moyen d'éducation.

Chaque *caractère* chinois contient à la fois un signe phonétique, un signe représentatif et un signe déterminatif. Il représente l'objet même dont il est le nom, il est déterminé par une *clef* indiquant s'il s'agit d'un mot appartenant aux idées abstraites, aux choses humaines, animales, végétales, minérales, etc.; il donne enfin le son syllabique qu'il faut prononcer pour lire le mot.

Tout cela est horriblement compliqué. A force de vouloir être clair, le scribe chinois s'est jeté dans un dédale dont il ne peut jamais voir les issues. Mais le scribe chinois est forcément un artiste; il tient un pinceau qui doit représenter tout un tableau, parfois plusieurs tableaux, dont il ne doit prendre que les traits caractéristiques. De là une nécessité, une habitude de simplifier, une habileté incroyable pour saisir le contour qui désigne à lui seul un objet ou une idée.

Ainsi procéda l'écrivain des hiéroglyphes égyptiens; mais, plus heureux que le Chinois, il arriva presque à l'alphabet net et précis des Grecs et se tira d'affaire en supprimant le plus possible les voyelles (habitude sémitique) et en restreignant le nombre des signes.

Dans les deux cas, il fallut arriver à un moyen rapide de représenter les dessins les plus variés. En Égypte, l'hiéroglyphe conventionnel, pourtant si vrai, des papyrus hiératiques, arriva jusqu'au cursif des écrits démotiques sans perdre un seul instant le mouvement, la forme, l'aspect du tableau qu'il s'agissait de rendre.

Dans l'alphabet égyptien, une vingtaine d'oiseaux, d'espèces différentes, sont employés pour représenter des sons très éloignés les uns des autres; il est important de ne les pas laisser confondre au lecteur, et il est vraiment surprenant de voir les égyptologues dessiner en deux coups de plumes des aigles, des hiboux, des cailles ou des vautours, sans qu'on puisse un seul instant hésiter à reconnaître l'oiseau indiqué.

Les Chinois aussi sont arrivés à ces résumés graphiques, et ils ont transmis aux Japonais ces procédés d'écriture.

Mais les Japonais, qui aiment assez voir le côté pratique des choses, ont refusé la richesse surabondante de dix mille caractères, ils n'en ont accepté que mille, qu'ils ont choisis parmi ceux qui leur donnaient tous les phonétiques dont ils avaient besoin et qui étaient assez dissemblables pour ne pas être confondus.

Les Japonais voulaient encore condenser davantage leurs moyens d'action pour représenter la pensée; au v° siècle, Kibi-mabi inventait l'écriture *katakana* qui donnait en cinquante signes tous les phonétiques syllabiques nécessaires alors au Japon; puis, au IX° siècle, Kooboo-Daïssi imaginait l'alphabet *phirakana,* sorte de katakana cursif, élégant, qui ajoutait la rapidité à la simplification, une manière de sténographie des caractères surchargés de la Chine.

On le voit, c'est la quintessence du dessin. Dans ces indications cursives, qui sont à la fois des lettres et des représentations, le Japonais a un avantage : il se sert du pinceau qui donne l'accent vrai avec bien plus de facilité que le roseau des Égyptiens, le stylet des Romains et la plume des peuples modernes.

Le pinceau pousse à la peinture : avec leurs tablettes de noir de Chine, le peintre, le poète, le commerçant, l'écolier se font des teintes plus ou moins foncées et voilà qu'ils peuvent reproduire des ombres, des éclats lumineux. Avec deux tons seulement, ils peuvent rendre en camaïeux des plantes, des oiseaux.

Là, comme pour les caractères symboliques, le Japonais court au plus pressé, il cherche le trait qui donne le mouvement et détermine l'objet; il procède par élimination pour ne garder qu'un contour et quelques touches de noir ou de clair.

Il se met à épeler la nature et y trouve un nouvel alphabet dont toute lettre aura une signification et s'exécutera suivant un procédé déterminé par l'expérience. De la sorte, chaque plante, chaque animal, chaque objet sera un symbolisme et s'écrira en trois ou quatre coups de pinceau.

Et, en effet, on peut regarder la plupart des dessins que les Japonais répètent sans cesse sur leurs kakémonos, leurs boîtes, leurs bronzes, leurs faïences; et, toujours, il sera facile d'y trouver un sens.

Chaque mois, chaque jour, chaque heure a sa fleur ou son animal.

Les sensations de tristesse, de bonheur, la richesse, la santé, la jeunesse, la longévité, la famille, la naissance, la générosité, la prière, que sais-je? Tout peut s'exprimer par un dessin.

Certaines légendes, certains faits historiques, certains hommes célèbres, toutes les familles nobles, les dieux, les dynasties, les provinces, les villes peuvent être désignés par un objet ou une fleur.

On peut presque dire que tout objet japonais est un hiéroglyphe.

Ou, pour être plus exact, que les artistes emploient dans leurs œuvres les procédés hiéroglyphiques : le symbolisme et la simplification, la pensée exprimée d'un trait.

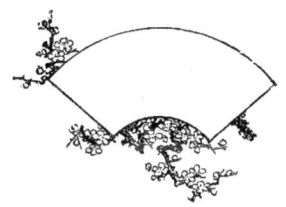

XXVII

MISSIONS BOUDDHIQUES

'arrivée, au vi^e siècle, des premiers prêtres bouddhiques venus de Chine dévoila aux Japonais des horizons sur l'art qu'ils n'avaient pas entrevus et leur donna des moyens nouveaux de développer leurs qualités naturelles.

Le bouddhisme a été la première religion qui s'adressa à l'humanité toute entière. Sakia-Mouni, à force de réfléchir, étendit sa pensée sur toutes les races de la terre, il sonda tous les infinis dans le passé, le présent et l'avenir. Préoccupé d'améliorer les hommes, il révéla la solidarité de tous les êtres, rattacha l'homme à la nature et les dieux à l'homme. Il pensa que des récompenses attendraient les bons et que des châtiments seraient réservés pour les méchants. Il voulut que l'homme fût responsable et de ses actes et des conséquences de ses actes, et par là pénétra dans l'éternité. Donc lui, le prince jeune, riche et beau, crut pouvoir dire aux hommes de l'Inde, resserrés dans les castes multipliées :

— Nous sommes égaux et nous avons les mêmes droits et aussi les mêmes devoirs. Suivez la *bonne loi* et vous arriverez à la perfection, au bonheur, à la cessation des passions qui avilissent l'homme et le font souffrir.

Mais, du moment que sa révélation ne s'adressait pas à un peuple spécial, du moment qu'il donnait un moyen pour *sauver* les hommes, ses sectaires devaient avoir le désir d'en sauver le plus grand nombre possible. De là à organiser des missions, il n'y avait qu'un pas; il fut vite franchi.

Et les frères prêcheurs partirent dans tous les sens; mais, à l'Ouest, les déserts de l'Arabie, de la Perse, les arrêtèrent. Peut-être, de ce côté, dans cette zone sémitique, demandait-on des religions moins compliquées et des fins moins lointaines. Mais, à l'Orient, les missionnaires bouddhiques trouvèrent des populations très préoccupées de la nature, très disposées à lui trouver un sens, toutes prêtes à accepter une morale douce, une philosophie qu'on pouvait laisser dans les nuages et un culte brillant, majestueux, plein de détails impressionnants.

De proche en proche, le bouddhisme envahit le Thibet, la Birmanie, Siam, le Cambodge, la Chine... se pliant à tous les climats, à tous les gouvernements, à tous les usages, respectant les croyances locales, les expliquant au besoin, se superposant aux religions des peuples, en ajoutant au fétichisme ce qui lui manquait d'élévation, en complétant la froide sagesse par ce sentiment humain, cet esprit de dévouement que Socrate entrevit, que Jésus proclama.

Lorsque arriva au Japon la première mission bouddhique, elle apporta avec elle des industries inconnues et qui étaient nécessaires à son culte; il lui fallait les riches étoffes sacerdotales, les vases sacrés en poteries et en bronzes, les idoles dorées, les temples luxueux; et, derrière les prêtres, s'avançaient des sculpteurs, des peintres, des tisseurs, des potiers, des fondeurs, des ciseleurs, des doreurs, toute une invasion d'industriels à tête rasée, d'artistes aux yeux baissés, d'ouvriers en frocs et en chasubles.

Ces gens étaient porteurs d'une double révélation; ils dévoilaient une foi nouvelle et, pour la rendre saisissable, ils enseignaient l'art sous ses manifestations les plus multiples; les procédés industriels venaient concourir à l'expression de la pensée religieuse cachée sous la forme artistique.

Et tous les êtres immatériels prenaient un corps; les âmes insaisissables descendaient du ciel sur des nuages d'or; les *niouraï* resplendissants souriaient sur l'autel avec des gestes de paix; dans les angles sombres du sanctuaire, les *bousats* aux auréoles lumineuses se dressaient sur d'immenses fleurs de lotus; le long des murs, les dix-huit *rakans*, les propagateurs de la religion en Chine, étaient représentés, artisans divins, confectionnant de leurs mains sacrées les objets du sacerdoce; dans les frises sculptées et fouillées, des anges aux ailes d'azur s'élançaient comme des hirondelles, tenant entre leurs mains les instruments harmonieux qu'on n'entend que dans le ciel des bouddhas bienheureux.

A part les *tembous* terribles, chargés d'effrayer les méchants par leurs gestes multiples et leurs grimaces féroces, les représentations bouddhiques ont ce sentiment indo-européen des peintures primitives du moyen âge.

Les plis des vêtements sont doux et harmonieux, on dirait que le Pérugin a passé par là et qu'un reflet de l'art grec illumine ces œuvres.

Voilà donc l'artiste japonais en présence d'un ordre d'idée tout nouveau; il en profitera même pour donner une forme à ses légendes vagues, il osera représenter les dieux du shintoïsme, il les abaissera jusqu'à leur donner une figure d'être humain, mais son art en sera élevé.

Le sentiment religieux viendra s'ajouter à ses productions, et la grande peinture, tout en se restreignant dans la formule, viendra lui ouvrir des voies nouvelles.

Et puis les moyens d'action, singulièrement multipliés par les industries pratiquées autour des temples, lui donneront des facilités particulières dont il profitera avec l'intelligence, le goût et la discrétion qui caractérisent toujours sa manière.

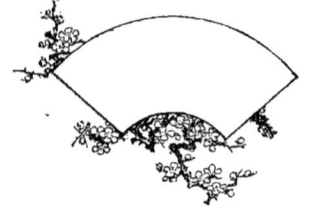

XXVIII

LE GENRE GAI

ES artistes japonais, toujours très préoccupés des procédés, ont divisé leurs écoles de peintures, non suivant les sujets, mais suivant la manière de peindre.

Dans cette voie, les Chinois leur avaient donné l'exemple. En Chine, deux grandes écoles se partagent les peintres.

Nansoo, l'école du Sud, qui fait tout avec soin, cherche la grâce et se perd dans les détails.

Okousoo, l'école du Nord, qui reproduit en quelques traits énergiques un sujet donné.

Mais, qu'il s'agisse de peinture religieuse, historique, peinture de genre, de paysage, d'oiseaux, de nature morte, peu importe! On est de l'une ou l'autre école selon la manière de donner les coups de pinceau.

Ces deux méthodes furent imitées au Japon avec une scrupuleuse exactitude. Mais les Japonais eurent aussi leurs écoles.

D'abord, l'école *Tossa-é,* peinture grave, sobre et soignée, convenant à l'esprit recherché et distingué de la cour de Kioto.

A cette peinture officielle du Mikado, la cour du Shiogoun opposa le système *Kano-é,* caractérisé par des contours anguleux. Ce qu'il y a de particulier dans ce procédé, c'est que les œuvres poussées, finies avec soin ou les croquis jetés avec rapidité, peuvent appartenir à l'école, pourvu que les plis des vêtements, les ombres et les accents soient exécutés à angles vifs.

Mais, sans nous attarder dans ces divisions techniques, constatons chez les Japonais, soit qu'il s'agisse de peintures coloriées, de peintures au noir de Chine, de sculptures sur bois, ivoire, bronze, argent, de marqueteries, d'incrustations, de niellage, de ciselure, d'objets laqués, vernis, bruts ou dorés, soit qu'il s'agisse de lithographies, gravures sur bois, broderies sur soie, impression sur coton, constatons, dis-je :

1° Le genre religieux bouddhique ;

2° Le genre soigné, élégant, très détaillé, représentant des scènes de l'histoire chinoise ;

3° Le genre rapide, à grand effet, reproduisant des scènes légendaires ;

4° Le genre décoratif, fleurs, oiseaux, etc. ;

Tous quatre venus de la Chine.

5° Le genre sobre, grave, shintoïste, utilisé par les légendes japonaises ;

6° Enfin, le genre gai, tout à fait local et traité avec une hardiesse, un esprit, une habileté qui méritent qu'on leur accorde quelque attention.

C'est un prêtre bouddhique qui, dit-on, en fut l'inventeur au XIIIe siècle ; Gakou-Yu entreprit de réformer les mœurs en se livrant à l'emploi de la caricature satirique. L'avarice des grands, la mauvaise administration, étaient représentées par des allégories gaies, énergiques, saisissantes.

Au XVIᵉ siècle, Ivassa se rendit célèbre dans le genre populaire appelé *Oukiyo-é;* et le siècle suivant, Hishi-Kava, continuant cette école, reproduisit les scènes de la vie ordinaire avec un tel succès que les éditions de ses œuvres se vendent encore dans les boutiques à bon marché. Il fut, en quelque sorte, le Teniers du Japon.

Tout dernièrement, le fameux Okousaï se livra à la peinture populaire avec une grande délicatesse de touche; ses compositions, publiées en gravures coloriées, servent de modèle dans les différentes écoles publiques.

Il résuma avec habileté tous les procédés hardis et expéditifs des écoles *Okousoo* de la Chine et *Kano-é* du Japon, il y ajouta son esprit d'observation fine et ce sens particulier de l'élégance qui est le propre de tous les artistes du Japon, même quand ils reproduisent les scènes les plus triviales.

Okousaï est mort, mais il a évidemment des héritiers de son talent, car nous voyons à chaque pas des peintures communes et pleines d'esprit dont nous voudrions connaître les auteurs.

Depuis que nous visitons les rues de Tokio et de Yokohama, nous avons remarqué particulièrement une série d'images humouristiques dans lesquelles on reconnaît la main d'un artiste de valeur. Nous avons déjà constaté que ces images sont signées d'un nom formé de deux caractères chinois assez reconnaissables; mais quand nous demandons quel est ce nom et qui le porte, on parle d'autre chose et l'on esquive la réponse.

A plusieurs reprises nous sommes allés aux renseignements et, à plusieurs reprises, nous n'avons obtenu que des réticences, des explications balbutiées ou de ces mutismes à la japonaise qui vous disent si bien :

— Vous vous mêlez de ce qui ne vous regarde pas.

XXIX

PEINTRE ET MALFAITEUR

Les dessins de cet artiste mystérieux ont un caractère d'actualité très intense. On sent que l'auteur de ces croquis populaires est vivement préoccupé de ce qui se passe au Japon depuis quelques années.

Il paraît en vouloir particulièrement au bouddhisme. Comme tous les Japonais de la nouvelle école, il doit être libre penseur. A moins qu'il soit extra-conservateur et que par amour du shintoïsme il condamne une religion d'origine étrangère. Il est curieux, dans tous les cas, de voir l'art de la caricature, inventé au Japon par un prêtre bouddhique, servir maintenant d'arme contre les sentiments que l'on voulait défendre.

Sur la couverture d'un livre destiné aux écoles primaires, l'artiste inconnu représente de jeunes enfants apprenant à lire, assis à la file sur un large banc de pierre; mais quel est ce banc de pierre? Une statue de Jiso renversée et mutilée, couchée dans la boue et donnant imperturbablement sa bénédiction aux dos des petits enfants assis sur son ventre.

Un autre dessin représente le bouddha Sakia Mouni assis sur la fleur de lotus et gardé des courants d'air par une auréole flamboyante. D'un côté un couple souriant l'accable de pièces de monnaies qu'il saisit de sa dextre avide et, en récompense, il lance les rayons bienfaisants qui vont bénir les dévots généreux. De l'autre côté un autre couple, souriant aussi, mais de ce sourire indécis et exagéré qui agrémente les figures

des solliciteurs peu sûrs de leur fait ; le mari offre un boudin de sapèque, total : quatre sous ; la femme présente un décime proprement enveloppé dans un carré de papier dont elle a soigneusement redressé les coins ; mais aucun rayon n'émane du flanc gauche du divin bouddha ; sa main crispée repousse des offrandes ridicules. Pourtant les uns et les autres ont soigneusement récité leurs prières et dit leur chapelet.

Aucune religion n'a fait plus de miracles que le bouddhisme n'en a

Une des légendes les plus connues est celle du lac Horié à Osaka.

produit au Japon. Chaque pas qu'on y fait vous heurte à une légende authentique qu'attestent et les pèlerinages multipliés et les nouveaux prodiges qui viennent à tout moment confirmer la sainteté du lieu consacré. Une des légendes les plus connues est celle du lac Horié à Ozaka. A peine le bouddhisme venait-il de s'établir au Japon qu'il fut l'objet de persécutions et qu'on jeta dans le lac Horié toutes les statues des dieux bouddhiques, entre autres une statue d'or d'Amida flanqué de ses deux aides Quanon et Seïssi. Quelque temps après, Houda-Zenkoo, riche habitant des environs, passant un soir en voyageur près du lac, entendit derrière lui une forte voix qui l'appelait par son nom; il se retourna, et vit sur l'eau une grande clarté qui n'était autre que la statue d'or d'Amida et ses deux acolytes; ces dieux l'interpellaient et demandaient secours. Houda-Zenkoo, en souvenir de cet évènement, se consacra au culte d'Amida et éleva en l'honneur de ce dieu le fameux temple de Zenkoo-dji qui existe encore.

L'artiste, qui nous préoccupe et dont nous reconnaissons facilement le *faire* particulier, a représenté le miracle et ses conséquences, et il a su y trouver des côtés comiques. D'abord la frayeur de Zenkoo en entendant le soir, dans un endroit désert, son nom prononcé distinctement; le malheureux, très peu flatté de tant d'honneur, se sauve à grandes enjambées. Et puis les dieux installés dans le domicile du voyageur et retrouvant avec joie les bonnes offrandes dont la noyade les avait si longtemps privés; Amida lève en l'air ses bâtonnets d'un geste de bambocheur, Quanon s'empiffre de riz et Seïssi, faisant à la femme de Zenkoo d'amicales grimaces, se verse de larges rasades de sakké. Zenkoo, en habit de *Kougué* de l'époque et dessiné suivant la méthode anguleuse de l'école Kano-é, rit de politesse à gorge déployée; sa femme les mains retournées, — attitude de prière, — à quatre pattes comme Zenkoo lui-même, tire la langue en signe d'adoration joyeuse et les moutards, dont l'un fait de l'équitation sur le dos de sa mère accroupie, s'adressent avec une ferveur hilariante aux dieux sauvés des eaux.

Mais qui donc a peint ces images si pleines de gaieté? Nul ne le sait. Ou plutôt nul ne veut paraître le savoir. Pourtant la signature est là. Comment se lit-elle? Silence.

Est-ce donc un de ces noms maudits que personne ne peut prononcer sans courir les dangers les plus graves?

A force de tenacité nous finissons par savoir que l'artiste s'appelle Kiosaï.

Et voici son histoire que j'ai bien promis de ne raconter à personne... au Japon du moins.

Kiosaï est né à Yeddo. Élève de Karino, peintre du Taïkoun, il ne tarda pas à se distinguer par son habileté. Arrivé à un certain âge, il trouva que le style de son maître manquait de vivacité et de hardiesse et, au grand désespoir de son professeur, il se mit à faire des dessins humouristiques.

Mais en même temps il prit la mauvaise habitude de boire à outrance et se mit à vivre à sa fantaisie sans se soucier des usages si respectés au Japon. Le nom qu'il a adopté pour signer ses ouvrages signifie *fou*. Et comme on le comparait au Shoofoo, le singe légendaire qui boit sans cesse, il signa Shoofoo-Kiosaï, le singe ivrogne et fou.

Sur la fin du Taïkounat, la position des ministres du grand ministre devint critique; on les sentait sous l'influence de menaces et de protestations; les anciens guerriers adversaires de la réforme s'agitaient et l'on prévoyait un changement de ministère. Kiosaï caractérisa la situation en représentant un jeu d'échec où les ministres costumés en pièces à jouer ne pouvaient plus empêcher le Taïkoun d'être *mat*. On admira beaucoup l'art de la composition, l'esprit des détails, la verve de l'ensemble... et Kiosaï fut mené en prison pour délit d'injure au gouvernement taïkounal.

A peine délivré, notre homme s'empressa de faire une autre caricature politique et, de nouveau, il vécut aux frais du gouvernement. Et chaque fois que la durée de sa peine était expirée, son pinceau commettait un nouveau délit qui l'amenait encore une fois devant la justice expéditive et emprisonnante du Taïkoun.

Le changement de gouvernement, l'arrivée du Mikado à Tokio lui donnèrent un peu de répit.

Il put même assister au grand Congrès des peintres et des lettrés japonais qui eut lieu dans la capitale sous les auspices du gouvernement impérial. A la fin de la réunion on supplia Kiosaï de donner une preuve de son habileté. Saisissant son pinceau, il représenta des grands seigneurs, noblement vêtus, devant lesquels des étrangers, Anglais, Américains, Français, se livraient à une pantomime irrespectueuse.

Le geste des grands seigneurs qui se bouchaient le nez indiquait suffisamment la nature de l'outrage qu'ils subissaient. Les Japonais, qui n'ont pas encore le goût de l'euphémisme et qui volontiers bravent l'honnêteté comme les Latins et les Français du temps de Rabelais, ne craignent pas ce genre de plaisanterie. Aussi les membres du Congrès goûtèrent fort la composition de Kiosaï; elle passa de main en main et eut un vif succès. Mais la police, qui était de la fête, demanda à l'artiste quelques explications. Elle voulut savoir qui étaient ces nobles personnages ainsi bafoués.

— Les ministres du Japon, s'écria l'artiste, les ministres qui supportent tout de ces voleurs d'Européens.

Alors les policemen lui passèrent aux mains les petites cordelettes qu'ils ont toujours avec eux et Kiosaï put constater qu'il n'y avait pas grande différence entre les prisons du Mikado et celles du Taïkoun.

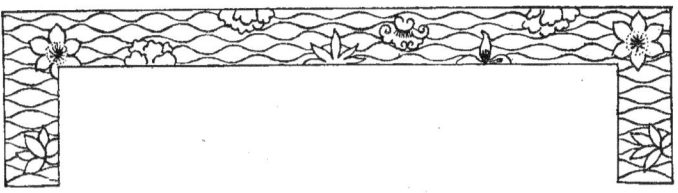

XXX

UN DUEL

Quoi qu'il en soit, Kiosaï est considéré comme un des plus habiles peintres du Japon.

Ayant appris que, lorsqu'il n'est pas en prison, il habite une petite maison perdue au milieu des jardins dans la banlieue de Tokio, nous partons, Régamey et moi, pour faire la connaissance de cet intelligent et malheureux artiste.

Nos djinrikis eurent quelque peine à découvrir la cabane du caricaturiste et nous-mêmes quelque difficulté à nous faire recevoir, car nos habits européens, portés d'ordinaire par les employés du gouvernement, ne disaient rien de bon au pauvre Kiosaï, qui se demandait quel crime nouveau avait attiré sur lui l'attention des gens haut placés.

Pourtant on s'explique et nous pénétrons dans la maison construite en chaume et en papier, petite de 6 mètres carrés et composée de deux pièces.

Le vestibule d'entrée est entièrement rempli par deux femmes qui se prosternent pour nous recevoir. La seconde chambre est l'atelier, plein de lumière, encombré de rouleaux de papiers, de pinceaux et de boîtes à couleur. Deux ou trois masques comiques, des inscriptions encadrées, reproduisant des sentences philosophiques, et, sur une table, une chimère et un fétiche en terre-cuite d'une très haute antiquité; ce sont les dieux lares; on a placé devant eux des offrandes de gâteaux et de sakké.

La chambre est égayée par le jardin qui l'entoure et l'envahit; des branches d'arbre passent à travers les cloisons mal fermées. Un jeune chat, à la queue coupée, selon l'usage, escalade les piles de papier et renverse les burettes à eau. Il se permet même, pendant la visite, de s'adjuger le gâteau offert au petit dieu en terre cuite.

L'artiste paraît très heureux et très ému de la démarche que nous faisons auprès de lui. Il se frotte constamment le bras droit avec la main gauche, ce qui est, chez les Japonais, le signe d'une grande préoccupation ou d'un violent embarras.

On cause, grâce à l'interprète Kondo qui nous accompagne, et peu à peu la gaieté se met de la partie. Mme Kiosaï apporte du thé et des gâteaux identiques à celui qu'on a offert au petit dieu.

Régamey a déjà tiré ses armes. La pose accroupie étant incompatible avec ses guêtres et ses pantalons, il s'est assis sur la natte les jambes à demi étendues et, son album sur ses genoux, il demande à Kiosaï l'autorisation de lui faire son portrait.

Kiosaï, tout confus, se prosterne en signe d'acquiescement et de reconnaissance; il aspire tant qu'il peut, les dents serrées, pour témoigner combien il est honoré.

Mais il n'est pas homme à se laisser faire sans riposter, et, surveillant du coin de l'œil ce qui se passe sur l'album de Félix, il a sournoise-

-ment, presque dans la manche de son kimono, préparé ses pinceaux, délayé ses couleurs, étendu sur la natte une feuille de papier et, tout en ayant l'air de poser, il commence d'une main rapide le portrait de son portraitiste.

Il n'y a pas à dire; c'est un duel!

Qui donc a affirmé, qui donc a imprimé que les artistes japonais sont incapables de faire un portrait?

O Muse, comme dirait Homère, inspire-moi! Aide-moi à retracer l'importance et la valeur des deux champions. Rappelle-moi les antécédents, les origines, la race, l'histoire et les prouesses de chacun d'eux. Apprends-moi à décrire l'attaque et la riposte, les coups de pinceau et les coups de crayon qui s'échangent sous mes yeux.

D'un côté, le peintre français, fils et frère d'artistes. Le premier parmi ces initiateurs modestes et de si rare mérite qui ont créé un art nouveau : la chromolithographie, son père lui mit en main, tout petit, des crayons en guise de hochet.

Guillaume, son frère aîné, dont l'existence fut si courte, a laissé comme peintre de sujets militaires, des œuvres fortes, savantes, pleines de grandeur et de vérité, que l'État a recueillies dans ses musées.

Son autre frère, Frédéric, est peintre, graveur, lithographe, maniant à volonté le pinceau, la pointe et le crayon. Et lui, Félix, le héros du combat, a parcouru la moitié du globe pour trouver au Japon un athlète digne de lui!

Élève de l'école des Beaux-Arts où il obtint une médaille pour l'anatomie, il fut, à l'âge de vingt-trois ans, nommé professeur à l'École nationale de dessin, puis à l'École spéciale d'architecture. Collaborateur des principaux journaux illustrés de Paris, il fut bientôt attiré par les journaux illustrés de Londres, puis par ceux de l'Amérique.

Comme certains ouvriers font leur tour de France, Regamey, son crayon à la main, entreprit le tour du monde. En passant, il présidait à la réorganisation des études à l'Académie de dessin de Chicago, récem-

Kiosaï dessiné par Régamey.

ment détruite par l'incendie. Puis il inventait les *conférences en dessin* qui eurent un si grand succès; en moins d'une heure, il couvrait de croquis gigantesques des kilomètres de papier sans fin, touchant à tout : à l'art, à l'histoire, à l'actualité, à l'ethnographie, voir même à la morale, témoin la conférence qu'il fit un soir dans une église de Boston en prenant pour sujet : les bienfaits de la tempérance.

Cette fois l'artiste au crayon rapide a traversé l'Océan pacifique. Il s'est abattu sur le Japon et a fait à Kiosaï l'honneur de le choisir pour lutteur.

Kiosaï a accepté le combat.

Et les voici tous deux l'œil enflammé, la respiration retenue, s'attaquant l'un l'autre, dessinant avec hâte, avec fureur, cherchant à faire vite et parfait.

— Fini! s'écria Félix.

— Yoroshi! riposte Kiosaï.

Et les deux portraits apparaissent ressemblants, cela va sans dire, mais surtout étonnants de hardiesse et d'ingéniosité dans le procédé.

Alors, moi de m'écrier dans mon enthousiasme :

— Bravo, Kiosaï! Bravo, Régamey!

Quelques jours après, Kiosaï vint nous rendre à l'hôtel la visite que nous lui avions faite.

Comme il savait mon goût pour la science des religions, il m'apporta un *bouddha pénitent* qu'il avait peint exprès pour moi. On voit dans cette composition quelle verve peut avoir l'artiste japonais, même quand il s'attaque à un sujet classique. Le Sakia-Mouni de Kiosaï est à la fois concentré et resplendissant. Assis sur la paille, comme Job, il réfléchit à outrance sans s'apercevoir que ses ongles poussent et que son estomac se creuse. La bosse de la révélation surgit au milieu de ses cheveux incultes, et l'amplitude de ses vêtements aux contours luxueux indique seule que c'est un prince de l'Inde qui s'oublie ainsi pour sauver les hommes.

Pendant sa visite, Kiosaï tenait un éventail tout blanc. En causant, il tira un pinceau de sa ceinture, le mouilla et le promena rapidement sur son éventail.

Malgré les difficultés présentées par les plis accentués de l'objet qu'il peignait, en quelques touches il eut fini, et nous présenta son éventail en nous avertissant qu'il avait fait une peinture *religieuse*.

Je ne vis pas tout de suite en quoi la composition avait un caractère sacré.

Un poteau télégraphique d'un côté; de l'autre, une grenouille verte traînant dans un djinrikicha une grenouille brune ornée d'un manche de parapluie; je voyais plutôt là le résumé des inventions modernes au Japon.

Mais l'auteur me fit observer que le fil électrique était supporté par une tige de lotus, que la roue du djinrikicha était une feuille de la plante sacrée, et que, enfin, la grenouille, animal caractéristique des plantes d'eau, était là une sorte de déterminatif de l'idée.

Et voilà comme quoi, au Japon, les vieux dogmes sont transformés et remplacés par les idées nouvelles.

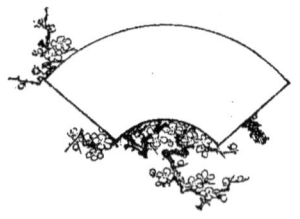

Eventail comique peint par Kiosaï.

(Page 192).

Assis sur la paille, comme Job, il réfléchit à outrance,
sans s'apercevoir que ses ongles poussent et que son estomac se creuse.

XXXI

VOYAGE AU NORD

Nous sommes en route pour Nikko, avec un temps couvert, quoique nous ne soyons qu'au 10 septembre, mais le Pacifique n'a pas encore eu son troisième *typhon* annuel, et c'est la prochaine venue de cette tempête qui nous donne sans doute ce temps incertain. Hier soir, il pleuvait à torrents.

J'ai conservé l'interprète qui m'avait été si peu utile à Kamakoura, j'espère qu'il se dégourdira, et je tente une dernière expérience avant de le retenir pour la grande tournée que je projette à travers le Japon.

Pour plus de sûreté, j'ai prié M. Sarazin, élève de M. de Rosny, de vouloir bien se joindre à nous. Grâce à sa connaissance du japonais, il pourra contrôler les dires de l'interprète. Il m'a pourtant avoué que le japonais qu'on apprend à Paris n'est pas exactement celui qui se parle au Japon;

par la bonne raison que ce pays ayant été fermé aux Européens pendant plusieurs siècles, ce n'est que par voie de renseignements indirects que nos professeurs ont pu s'assimiler cette langue, si bien que le japonais officiel de nos cours publics ressemble au japonais réel, comme la langue des égyptologues doit ressembler à celle que l'on parlait du temps des Ramsès. En conséquence, M. Sarazin est sagement venu au Japon pour compléter, par une pratique bien entendue, la science déjà considérable que lui a donné l'École des langues orientales de Paris.

Par surcroît de précaution, j'ai prié M. Dury de me donner un de ses élèves, le jeune Kondo, qui m'a déjà plusieurs fois servi d'interprète avec beaucoup de complaisance et d'intelligence.

M. Dury, ancien consul de France à Nagazaki, avait fondé à Kioto une école française pour les Japonais. Cette école, très nombreuse, était en pleine prospérité lorsque son fondateur fut appelé à la capitale pour enseigner le français à la grande école gouvernementale, le Kaïsségako. Cet avancement du professeur fut la perte de l'école française, qui fut remplacée, sans protestation de la part de nos représentants, par des cours d'anglais et d'allemand.

M. Dury a conservé avec

lui quelques-uns de ses anciens élèves qui sont certainement les meilleurs interprètes français qu'il y ait au Japon.

Notre caravane se compose donc d'un dessinateur, de trois inter-

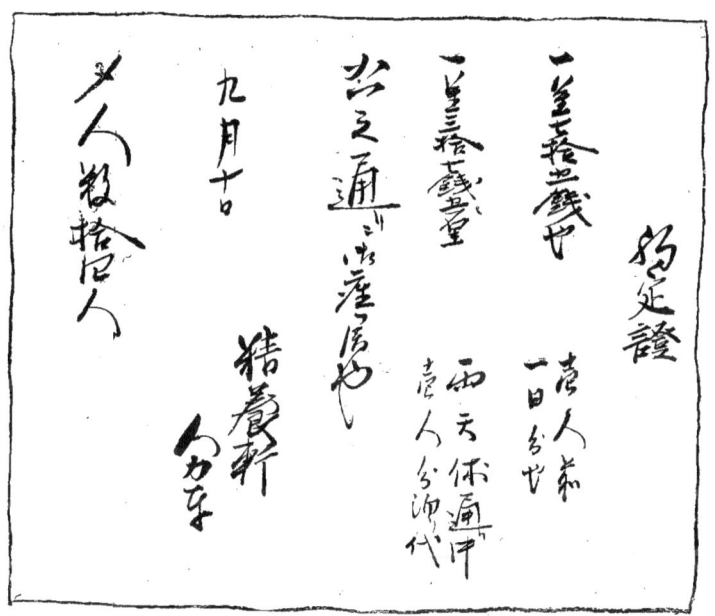

prètes, d'un cuisinier japonais qui fait la cuisine à la française, et de l'auteur de ces notes.

A chaque voyageur il faut une voiture et deux traîneurs. Ajoutons une voiture pour les bagages : en tout sept djinrikichas et quatorze djinrikis.

Ce que constate le traité passé avec ces hommes de trait.

« Attestation du prix convenu :

« 1° 75 sens (sous) par homme et par jour ;

« 2° 37 sens et demi par jour de repos occasionné par la pluie.

« J'affirme ce qui est plus haut, septembre dixième jour.

« Les djinrikis de Sei yoo Ken (nom de l'hôtel).

« En tout quatorze hommes. »

Et nous voilà partis avec une rapidité de bon augure.

Laissant à gauche le parc de Ouéno, nous suivons une rue interminable qui nous donne une nouvelle idée de l'importance de la capitale.

Première halte à Také-no-tsouka pour laisser souffler nos hommes. Dans la cour de l'auberge, un arbre taillé en forme de bateau à voile fait l'admiration des voyageurs.

Nous repartons pour ne nous arrêter qu'à Koshigaya à l'heure du déjeuner. L'hôtel est sur le bord d'une rivière, et nous espérons naïvement manger du poisson frais ; mais le service du poisson de mer est si bien organisé au Japon qu'on ne se donne plus la peine de pêcher dans les fleuves, et, pour le moment, la marée n'est pas arrivée.

Sans s'ouvrir le ventre comme Vatel, ce qui, du reste, serait conforme aux idées japonaises, les cuisinières entreprennent une chasse aux poulets dont l'issue me paraît douteuse.

Une servante, installée sur le perron d'une petite chapelle shintoïste,

lave le riz des djinrikis. Voilà le picotin de nos coursiers assuré. Mais nous? Il serait peut-être prudent d'avoir recours à nos provisions.

En attendant qu'on nous ait confectionné un *lunch* quelconque, promenons-nous et observons. C'est notre rôle de voyageur.

Visite à la cuisine. Tout est propre et engageant, mais cette multitude de fioles et de petits vases aux formes singulières, aux couleurs insolites, désigne plus une pharmacie qu'une cuisine. La dignité du maître-queux dosant les rations rappelle plus un docteur qu'un marmiton.

Ah, mon Dieu! J'ai cru voir un homme qu'on venait de rouer de coups; des plaques rouges, des zones bleues, on dirait un dos maculé de cicatrices. C'est tout simplement un portefaix tatoué de dessins artistiques; ce que nous indique un type de femme gracieusement pointillé au milieu du dos.

En attendant que les poulets soient saisis ou que les boîtes de conserves soient ouvertes, une des jeunes filles qui doivent nous servir 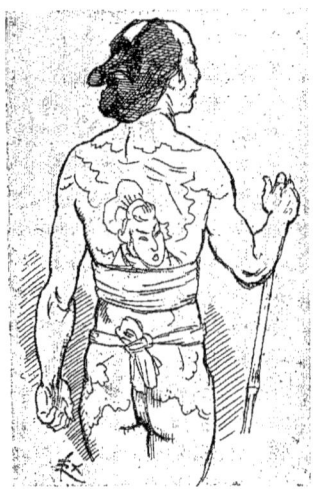 à déjeuner fume tranquillement sa pipe minuscule. Elle sourit en nous voyant passer et paraît vivement regretter de ne pouvoir nous faire comprendre les mots gracieux qu'il est de son devoir de nous adresser. Les hauts *guetas* qu'elle a à ses pieds rappellent parfaitement les petits bancs des ouvreuses de loges. Dire que sous peine de rhumes incessants, il faudra nous chausser nous-même de ces souliers incommodes! Retardons le plus possible le moment de l'apprentissage.

A table! Ou, du moins, jetons-nous sur la natte de la chambre et mangeons à terre. Grandes émotions des servantes qui, pour la première fois de leur vie, voient du pain et considèrent de la confiture. Elles se font expliquer longuement la confection de ces aliments qui paraissent les stupéfier profondément; et, pour surcroît de démonstration, nous leur offrons des tartines. Elles acceptent en rougissant, examinant avec appréhension, comme s'il s'agissait d'un fruit défendu, et ne peuvent se décider à donner le coup de dent fatal.

Enfin, nous partons espérant que, à huis clos, loin des regards indis-

Une des jeunes filles qui doivent nous servir à déjeuner fume tranquillement sa pipe minuscule.

crets ces jeunes filles se résoudront à manger de la confiture sur du pain.

Sans grands incidents, nous traversons Ogasa et nous arrivons à Satté où nous devons coucher.

L'auberge est assez grande et l'on nous organise tout de suite des chambres en glissant des murs de papier dans les rainures qui sont ménagées au plafond et sur les nattes.

A l'entrée, il faut traverser la cuisine qui est toujours en évidence sur la route comme pour attirer les chalands par l'odeur de navet pourri. A droite de la porte, en dedans, comme à Pompéi, une petite chapelle contient les dieux lares.

Nos djinrikis, fatigués d'une course de dix heures, n'ont rien de plus pressé que de prendre le bain à l'antique, composé d'une immersion brûlante et d'un lavage à l'eau froide. Cela me remémore ce détail d'un roman latin, imité par l'auteur de *Gil Blas*. Dans le texte d'Apulée, les brigands arrivant dans la caverne qu'ils habitent, ordonnent à la vieille servante de faire chauffer de l'eau pour le bain. Dans le texte de Lesage, le bain est supprimé. Les traîneurs japonais sont de l'école antique.

Au bout de la maison, devant notre logement, est le jardin, petit et néanmoins pittoresque, la grande nature en diminutif. Tout cela est

fort gracieux, mais les odeurs... Vous savez les fameuses odeurs caractéristiques des maisons japonaises! Et, comme si l'on pouvait se tromper, comme si l'on n'était pas assez guidé par les effluves indicatrices, une infinité de *déterminatifs* signalent au voyageur le local qui peut lui être nécessaire : un pied d'*aralia* en vedette, une coupe de bronze pleine d'eau avec le léger *simpulum* reposant sur la clayette de jonc; suspendu au dessus, le *ténoyoui* bleu et blanc pour s'essuyer les doigts après l'ablution; et puis la petite haie de bambous fins destinée à protéger l'opérateur des regards étrangers. Enfin, sur le seuil sacré, deux sandales de paille qu'on chausse avant d'entrer pour éviter tout contact immonde, précaution souvent inutile, car ces endroits intolérables pour l'odorat sont d'une propreté presque luxueuse.

Malgré ces inconvénients auxquels il faudra bien nous habituer, nous soupons gaiement, et, après le repas, Djiro, notre jeune cuisinier, m'offre un concert au samissen pendant que les servantes accrochent nos moustiquaires.

Djiro est un virtuose, car il joue faux. Il accompagne sa désagréable guitare d'un léger sussurement qui reproduit avec exactitude la mélodie fausse de son instrument. Quelquefois l'enthousiasme lui

fait élever la voix qui sort par le nez et par la gorge serrée. Il paraît fort heureux. Les interprètes sont sous le charme; ils fredonnent avec l'exécutant, mais un peu moins bien, c'est-à-dire un peu plus juste. On voit bien la différence qui existe entre de simples amateurs et un véritable artiste !

Après tout, quel est le peuple qui se trompe? Les Asiatiques ou les Européens modernes? Les Grecs de l'antiquité ou les professeurs du Conservatoire?

Tandis que, les nerfs surexcités, j'écoute les erreurs musicales de mon cuisinier, Regamey se promène dans les rues désertes à la recherche de silhouettes pittoresques.

XXXII

LA ROUTE

Le matin, je suis réveillé par un bruit de démolition. On tape, on cogne, on enlève, et la lumière envahit l'appartement. C'est la maison qu'on démonte. On supprime les volets de bois qui servent de murailles extérieures, on range dans des armoires les cloisons de papier ; les servantes décrochent les moustiquaires ; et, sans avoir quitté notre couchette, nous nous trouvons en plein air, rafraîchis par le vent matinal qui vient de la campagne.

Quelques minutes après, nous sommes en voiture, et nos hommes, reposés par le sommeil, vont avec entrain.

Halte à Karibashi. Regamey prend

en note une lanterne de jardin. Tout est utilisé comme pittoresque, même les vieilles meules de moulins à bras, soit qu'elles soient rayées d'après le système moderne, soit qu'elles aient la forme d'entonnoir renversé des meules arabes ou des meules romaines.

Une rivière se présente, le Tané, qu'il faut franchir sans pont. Elle n'est pas fort terrible pour le moment. On nous installe avec nos hommes et nos voitures dans un grand bac. Mais le bateau ne peut arriver jusqu'au bord opposé, et tout, bagages et voyageurs, est porté à dos d'homme. Nos djinrikis font de cela une partie de plaisir. Ici toute corvée semble une joie. De jolies Japonaises, qui font la traversée en même temps que nous, s'accrochent gaiement au cou de nos porteurs et franchissent le pas difficile en écuyères peu rassurées.

Le paysage devient grandiose. Les hautes montagnes volcaniques apparaissent à l'horizon. Sur la droite se développe le cône éteint de Tsoukouba.

Des arbres immenses bordent la route, plantés sur plusieurs rangs.

Çà et là des monuments religieux, des jardins de bonzeries et des villages que nous traversons avec la rapidité d'un train de banlieue. Cette grande hâte paraît étonner les habitants, car le voyageur japonais n'est pas d'ordinaire si pressé. Nous avons deux hommes par voiture, il faut

bien qu'ils gagnent leur argent en nous donnant de la vitesse, car nous remarquons que si deux djinrikis sont nécessaires pour traîner un Européen, ordinairement un seul tireur mène au grand trot deux Japonais.

A une halte, nous trouvons un djinriki retour de Nikko. Il est allé et revenu d'une seule traite pour une affaire pressée, il aura fait soixante-douze lieues en quarante-huit heures avec sa voiture aux mains.

A Komonowa, nous nous arrêtons pour considérer un beau Jiso en bronze placé sur le bord de la route. Il faisait partie des dépendances d'un temple qui a brûlé il y a quelques années, et dont il ne reste que les avenues deux fois séculaires et les jardins sacrés dont les arbres énormes complètent l'ensemble d'incroyable grandeur produit par les gigantesques matsous de la route.

Quel rêve que ces chemins japonais !

Plus loin, je remarque un autre bouddha. Celui-là est mitré, c'est un Daï-niti-niouraï, le plus distingué de tous les bouddhas.

Les maisons des hameaux que nous traversons sont ornées de grandes lanternes de papier garnies de caractères chinois. Il paraît que c'est en l'honneur de la fête des damnés. Oui, les damnés eux-mêmes ont ici leurs petites réjouissances.

Les auberges où nous nous arrêtons sont toutes construites sur le même modèle ; la cuisine en tête, les appartements de distinction au fond donnant sur des jardins. Les murs sont souvent ornés de kakémonos représentant des scènes religieuses ou historiques et de cadres contenant des pensées poétiques.

Exemple : « J'ai vu une belle lampe, s'écrie un poète, mais sa lumière m'a paru moins belle lorsque le corbeau m'a annoncé le jour. »

Ce qui nous apprend d'abord que c'est le corbeau ici et non le coq dont le chant précède l'aurore et ensuite qu'il n'est si belle chose qui ne puisse être dépassée ; tout progrès fait pâlir le progrès qui l'a précédé.

L'auteur de ce trait de génie a signé modestement : « L'élève qui demeure à l'endroit nommé Ombre de l'arbre vert. » La signature tient plus de place que l'œuvre.

Sur les bords du chemin, les matsous contournés sont remplacés peu à peu par quatre rangs de cryptomerias immenses qui s'élancent droits comme des mâts de navire. La route assombrie et flanquée de forêts de grands bambous ressemble à une vaste cathédrale à trois nefs.

Les voyageurs à pied, à cheval, en voiture, sont assez nombreux et tous sont des pèlerins qui profitent d'un moment où les récoltes les laissent tranquilles pour visiter le Japon et rendre hommage successivement à toutes les divinités tutélaires de la patrie.

Le pays devient de plus en plus montagneux, et parfois devant les maisons court un petit torrent où les femmes lavent le linge du ménage.

L'interprète m'a annoncé que nous coucherions à Outsounomya, ville importante, où eurent lieu les deux grandes batailles qui rendirent au Mikado la domination du Japon.

Mais voilà qu'on nous arrête à Ishibashi, et les djinrikis nous annoncent qu'ils passeront la nuit là. L'endroit me paraît de médiocre importance et, comme il y avait eu engagement d'arriver le second jour à Outsounomya, je pense qu'il est bon d'être mécontent.

J'envoie promener l'interprète qui s'en prend aux hommes, lesquels s'organisent en émeute.

Tshiouské et Kédjiro, mes deux traîneurs, qui se sont un peu familiarisés avec moi, prennent la parole. Tshiouské, grand, maigre, aux traits énergiques, paraît fort mécontent; il déclare être révolté de mon manque de pitié pour des hommes harassés par onze heures de course.

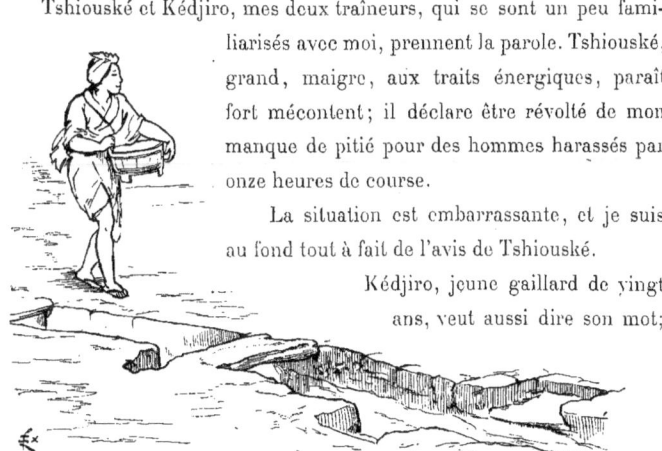

La situation est embarrassante, et je suis au fond tout à fait de l'avis de Tshiouské.

Kédjiro, jeune gaillard de vingt ans, veut aussi dire son mot;

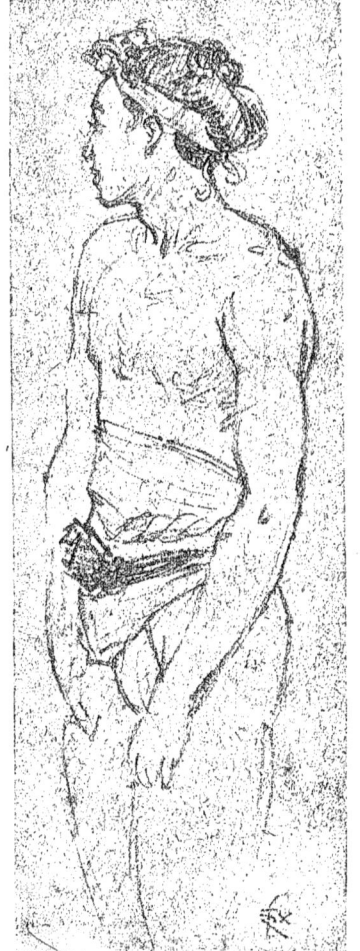

mais, comme il est dans sa nature de toujours rire, il détourne la tête en parlant pour cacher les sourires contradicteurs de ses paroles.

Je commence à croire que tout cela n'est pas sérieux; et, malgré le beau discours d'un troisième djinriki, dont je ne puis offrir le nom à la postérité par la raison que je l'ai oublié, je tranche ainsi la question :

— Je ne veux pas donner d'ordre à ces hommes, dis-je à l'interprète, mais ils doivent voir eux-mêmes s'ils veulent tenir leurs engagements.

Cette noble réponse est traduite. Elle a pour effet de calmer instantanément ces révoltés. Touchés à l'endroit sensible, l'amour-propre, ils s'inclinent et déclarent que, quand bien même ils devraient mourir à la peine, ils nous feront coucher ce soir à Outsounomya.

XXXIII

CONSÉQUENCES DE L'ÉMEUTE

ALORS ils se frottent les membres avec de l'eau-de-vie, se mettent du sel cuisant sur les écorchures des pieds, se chaussent de sandales neuves et, comme pendant la discussion la nuit est arrivée, chacun se munit d'une longue lanterne blanche.

Redevenus complètement gracieux, ils nous font signe que tout est prêt. Nous montons en voiture, et le cortège part en fendant la foule que tous ces incidents ont rassemblée.

Les arbres de la route qui, pendant le jour, nous paraissent immenses, prennent à la lueur de nos lanternes des dimensions invraisemblables. Le regard qu'on jette au-dessus de sa tête voit les grands troncs s'élancer dans la nuit à une hauteur vertigineuse, et ces colonnes parallèles semblent ne pas avoir de fin et plonger dans l'immensité.

Pour se donner du courage, les djinrikis poussent des cris rythmés, en se répondant les uns aux autres, comme font les bateliers du Nil. Leurs notes sonores retentissent en syncopes sous la sombre voûte des cryptomerias. Ces clameurs, ces lumières, la vitesse de la course, l'énormité des arbres qui défilent, tout cela est étrange, impressionnant.

Ces hommes nus qui s'agitent, des flammes à la main, et dont les silhouettes sombres dansent sur les gros troncs et voltigent dans les feuillages; cette course désespérée accompagnée de cris de possédés; ces plantations exotiques dont l'âge se perd dans l'histoire du Japon; l'obscurité, l'éclat, le bruit, voilà du fantastique digne d'une menée de sabbat.

Enfin, voici la ville. Mais les faubourgs n'en finissent pas, la nuit est déjà avancée, et je commence à regretter d'avoir forcé nos hommes à continuer la route. Leur marche haletante et ralentie, leurs cris essoufflés et affaiblis, leurs pieds ensanglantés, leurs yeux creusés, leurs nez amincis et leurs bouches sèches me font vraiment craindre qu'ils ne tombent épuisés de fatigue et de douleur.

Nous sommes arrivés.

Mais l'hôtel est plein; il faut chercher ailleurs, et ces malheureux reprennent leur course à travers la ville.

Second hôtel. Pas de place.

Nous continuons à errer dans les rues désertes. Enfin, nous trouvons une maison qui veut bien nous recevoir. Il est près de minuit.

A peine sommes-nous installés qu'on introduit dans notre chambre un Japonais qui se confond en politesses. Il frappe à plusieurs reprises le sol de son front et n'avance qu'en rampant. C'est l'employé de la police, le préposé aux passeports; il vient s'informer si nous sommes en règle.

L'interprète me paraît décidé, depuis la révolte des djinrikis, à jouer un personnage muet. Kondo s'étend sur la natte, moi aussi, et le rapport de la police se fait à quatre pattes.

Il faut pourtant souper. Mais nous n'en avons pas fini avec les indiscrets. Dans le couloir qui mène à notre appartement, je vois s'agiter à terre des ombres noires; quelque chose comme un troupeau de phoques.

Les amphibies s'avancent peu à peu, par soubresauts irréguliers, et, arrivés sur le seuil, relèvent la tête : ce sont nos djinrikis.

Ils sont rasés de frais, ont revêtu leurs kimonos bleu foncé, vêtement de cérémonie pour les koskaïs. Les physionomies, toujours souriantes,

sont graves néanmoins, quelques plis du front contredisent le rictus de la bouche.

C'est le djinriki beau parleur qui fait le discours; à chaque période, il s'incline profondément et aspire entre ses dents. Tshiouské opine du bonnet et dit son mot; la foule approuve et salue en même temps que l'orateur. Kédjiro se cache dans les coins et pouffe de rire à son habitude. Tout ce monde se tient à genoux.

Ce qu'ils demandent? Parbleu, une bonne étrenne pour leur surcroît de fatigue. C'est trop juste. L'étrenne est donnée.

Mais, encouragé par cette réussite, l'orateur veut faire un coup de maître, et, noblement, il refuse le cadeau comme insuffisant.

Alors l'affaire se gâte et je suis obligé de les envoyer promener, ce qui ne s'effectue pas sans quelques protestations. Kédjiro rit toujours. Kondo met en réserve le *bakchich* qu'ils seront bien heureux de retrouver demain.

Nous allons donc enfin pouvoir dormir.

Mais, non ! L'hôtel est plein de monde. C'est à grand'peine, en serrant des voisins déjà installés, qu'on a pu nous fabriquer des chambres toutes petites ; les murs de papiers sont tout à fait insuffisants pour nous séparer des autres voyageurs dont nous entendons les conversations, les rires et les ronflements ; il y en a même qui font de la musique, jouent du samissen et chantent ; il y a aussi des enfants qui pleurent.

Si bien que, avant d'avoir fermé l'œil, nous sommes rappelés à notre devoir de voyageurs par les cris désagréables du corbeau matinal.

Nos traîneurs semblent aussi dispos que s'ils n'avaient pas marché depuis huit jours et nous partons enfilant, de nouveau, les interminables avenues de grands cryptomerias.

En route nous nous arrêtons à Nakatokodjiro pour admirer un arbre énorme de 10 mètres de circonférence, de l'espèce appelée kiaki. Sous son ombre un petit temple de bois, couvert de tuiles de pierre, d'un fort joli style, est consacré à Inari, le dieu des récoltes. Devant sont les débris de deux renards en pierre et, dans l'intérieur, des ex-voto représentant deux renards se regardant, l'un jaune, l'autre blanc; ce sont les symbolismes du riz non décortiqué et du riz prêt à être mangé. D'autres ex-voto représentant un gâteau fait en

forme de miroir japonais; c'est, à la fois une offrande économique, la peinture permettant de supprimer le renouvellement journalier du gâteau, et un symbole, car le miroir dans la religion shintoïste est un emblème de pureté.

Une petite cabane ouverte à tout vent contient un petit temple portatif et deux hallebardes en bois. Le tout sert les jours de fête et figure dans les processions.

A Osawa, nous déjeunons. Nous sommes servis par un beau garçon de seize ans qui a relevé son kimono dans sa ceinture pour être plus alerte; on dirait un jeune seigneur florentin du xvi° siècle qui aurait oublié de mettre son maillot de soie.

La chambre où nous nous trouvons a servi au Mikado se rendant à Nikko. Une inscription nous l'apprend. Elle n'a pourtant rien de bien luxueux. Le cabinet de toilette se compose d'une planche posée sur un ruisseau d'eau courante; deux petits sceaux de bois manœuvrant autour d'une poulie sont destinés à faciliter les ablutions.

Le temps est lourd, il fait très chaud. Nous laissons nos hommes prolonger leur sieste; d'autant que nous sommes assurés de coucher ce soir à Nikko. Ils en profitent pour s'offrir des bains brûlants, graisser les roues de leurs voitures, jouer aux échecs ou causer gaiement.

Dans l'après-midi, nous repartons en suivant toujours la route pittoresque ornée de grands arbres.

Parfois le chemin se creuse entre les avenues. Les berges d'un vert vif sont constellées de fleurs rouges à cinq pétales que les Japonais

appellent *roues*. Ce soubassement de gazon fleuri est surmonté par les immenses colonnades d'arbres verts dont les racines tourmentées et dénudées se tordent sur le bord de la route, tout comme dans une composition de Gustave Doré.

Enfin nous voilà à Souzouki, village qui précède les temples de Nikko. Le paysage d'un aspect sauvage ressemble au Jura. Les femmes sont roses et blanches comme des Bourguignonnes.

On avertit nos djinrikis que le maire de l'endroit a pris un arrêté qui leur enjoint de se vêtir en entrant dans le village. Il paraît que les

Anglais et les Anglaises commencent à venir à Nikko en tournées de touristes et les ladies ont fait des plaintes au sujet de la tenue des traîneurs de voiture. En plein champ, cela n'a pas d'importance, mais, quand il y a du monde, cela gêne les dames de penser qu'on les regarde, tandis qu'elles voient.

Nos hommes ne se le font pas dire deux fois. Prenant leur ténogoui qu'ils avaient sur la tête, ils le nouent autour du cou et satisfont ainsi aux ordres du magistrat.

Du reste nous pouvons contempler M. le maire lui-même, car c'est notre aubergiste. Il se présente dans notre appartement pour nous saluer en qualité d'hôte et nous demander nos passeports en tant qu'officier public.

Pendant qu'il prend nos signalements, Regamey, son crayon à la main, lui rend la pareille.

Il pleut. Pour ne pas nous mouiller les pieds, nous essayons des chaussures japonaises. Regamey et M. Sarazin réussissent assez bien. Pour moi, après avoir manqué deux ou trois fois de me casser le cou, je renonce vaincu par la douleur que me fait à la naissance de l'orteil la courroie de la sandale. Kondo est désolé de cet insuccès, il m'assure que mon *tabi* (ce brodequin blanc qui ressemble à un gant de pied) est trop étroit... Je renonce néanmoins.

Malgré la pluie, nous traversons le village fort garni de boutiques où l'on vend des objets en bois, spécialité du pays. Nous allons jusqu'aux ponts sacrés jetés sur un large torrent; mais nous remettons à demain la visite aux temples.

En revenant, nous passons devant l'hôtel de nos djinrikis; ils sont installés à une galerie du premier étage où ils font sécher à l'air vif leurs membres nus enduits de saké. M. le maire, où êtes-vous avec votre arrêté?

XXXIV

LÉGENDES SACRÉES

La montagne de Nikko s'appelait autrefois Foutaara-yama, *la montagne des deux orages*. Deux fois par un an des ouragans terribles s'élançaient do son sein, d'une grotte, disait-on, et dévastaient les récoltes. Il est facile de retrouver là le souvenir des deux typhons de l'été et de l'automne, celui du printemps, moins terrible, arrivant avant que les semailles puissent être compromises.

Cette montagne était inaccessible, recouverte de

forêts impénétrables entourée par des précipices et défendue par des torrents furieux.

Shoodoo-Shoonin fut, au vııı^e siècle le saint Bruno de cette Grande-Chartreuse. Deux fois, il essaya de pénétrer dans ce pays splendide et sauvage ; deux fois, il échoua.

A la troisième tentative, il arriva sur les bords d'un lac superbe, entouré de sites majestueux. Il y fonda un monastère où il installa de jeunes disciples. Mais il voulait aller encore plus en avant et atteindre les sommets vierges que personne encore n'avait visités.

De quelque côté qu'il se présentât, un torrent lui barrait le chemin. Alors il se souvint que, grâce à l'intervention divine, les missionnaires bouddhiques avaient traversé sans ponts, sans barques, les fleuves les plus rapides, les torrents les plus escarpés ; il se rappela que le prêtre chinois Guensoo-Sanzoo, à la recherche des livres sacrés de l'Inde, avait traversé la Gange, grâce à la complaisance du dieu Jinja-daïoo, le maître des serpents. — Peut-être s'agit-il de Siva lui-même.

Shoodoo invoqua Jinja et s'en trouva bien. En effet, le dieu apparut au milieu des nuages tenant un serpent dans chacune de ses mains ; l'un était rouge, l'autre vert. Les deux serpents qui étaient à ce qu'il paraît de belle taille, furent placés sur le torrent en manière de pont. Mais le saint hésitait ; il n'était pas équilibriste. Alors une balustrade en jonc poussa rapidement sur le dos de chacun des animaux, un plancher sortit de leurs flancs et le saint passa.

C'est en ce même endroit qu'il fit construire le pont qui mène à Nikko et qui fut remplacé depuis par le superbe pont en laque rouge avec armatures dorées qui existe encore.

Arrivé sur la montagne, Shoodoo fut reçu par les dieux de l'endroit qui, selon l'usage des personnes bien élevées au Japon, commencèrent

Les ponts sacrés de Nikko.

par décliner leurs noms; ce qui dura un certain temps, car l'un s'appelait *Oohiroumé-moutchi-no-mikoto*, le second se nommait *Kotoshiro-noushi-no-mikoto* et le troisième était la déesse *Tagorihimé-no-mikoto*. Ces divinités qui étaient shintoïstes engagèrent vivement Shoodoo à leur élever un temple sur la montagne.

Shoodoo était diacre bouddhique. Tolérant comme tous les bouddhistes, il ne fit aucune observation, éleva le temple, le consacra à Sendjou-Quanon, le *bousats* aux mille bras et y donna accessoirement une place aux dieux de la montagne qui se déclarèrent satisfaits.

Kooboo-Daïshi, le missionnaire infatigable, dont on retrouve les traces à chaque point du Japon et même en Chine où il alla, comme on retrouve, du reste, son influence dans les arts et la littérature, Kooboo-Daïshi, au IXe siècle, vint à la montagne des Deux-Orages dont il changea le nom en celui de Nikko-zan, *la montagne des rayons solaires* et la consacra à Daï-niti *la grande lumière*, le niouraï qui éclaire le prochain par la charité et la vertu.

Le temple qui appartenait à la secte Kégon, passa alors à la secte Singon. Il appartient maintenant à la secte Ten-daï. Mais il tend à revenir au shintoïsme qui est maintenant la religion officielle et ses parties principales sont tout à fait affranchies du culte bouddhique; aussi les trois dieux locaux qui eurent les premiers l'idée de sa fondation, doivent être de plus en plus satisfaits.

L'un d'eux, *Oohiroumé-moutchi-no-mikoto* eut, dans le temps, maille à partir avec un autre dieu, Akagni-mioodjin qui habitait à trente lieues de Nikko. Voici ce qui était arrivé : lorsque Amateras, la déesse soleil, descendit sur la terre, tous les dieux l'adorèrent excepté Akagni qui avait de la fierté et n'aimait pas à y voir clair. Oohiroumé-moutchi-no-mikoto trouva cela mauvais et entreprit une guerre contre Akagni qu'il força à se retirer dans son temple d'Akagni-Yama.

Apprenant un jour que Akagni avait réuni des partisans et s'apprêtait à reprendre les armes, Oohiroumé-moutchi-no-mikoto saisit une des flèches qui ornait son sanctuaire et la lança dans la direction du sud. La flèche alla se planter dans la porte même de la chapelle d'Akagni, ce qui le dégouta de toute espèce de tentative guerrière.

Tous les ans le miracle se renouvelle. On fait une grande procession et l'on monte au temple du dieu vainqueur; là, le grand prêtre shintoïste lance une flèche qui va se ficher dans la porte du temple d'Akagni, à trente lieues de distance.

Les habitants d'Akagni retirent la flèche et en profitent pour faire des gâteaux et se réjouir en l'honneur des dieux toujours présents.

Ce qui prouve bien que c'est en cet endroit qu'eut lieu la guerre entre les dieux, c'est que, à Sënjoo-ga-hara, endroit situé au sud de Nikko, on trouve des quantités d'armes en pierre dont se servaient les dieux, et particulièrement des pointes de flèches en silex finement travaillées.

Parmi les nombreux prodiges dont le pays de Nikko a gardé le souvenir on peut citer l'aventure qui s'est passée dans une petite vallée située au nord-ouest, appelée Somen-dani, la *vallée du macaroni* et voici pourquoi.

Un des trente-six anachorètes qui habitent constamment le pays, depuis la fondation que fit Kooboo-Daïshi de trente-six ermitages, reçut un jour la visite d'un prêtre qui lui déclara avoir grand'faim et lui demanda quelque chose à manger.

L'anachorète venait justement de recevoir la provision de macaroni qui devait le nourrir pendant six mois. Rapidement, il en prépara un fort plat qu'il servit au prêtre.

Celui-ci l'avala consciencieusement, mais assura, quand il eut fini, qu'il avait encore faim.

Étonné de tant d'appétit, l'anachorète prépara un second plat qui fut englouti comme le premier, sans arriver à rassasier le prêtre famélique.

Mettant en pratique la charité bouddhique, le malheureux solitaire passa toute sa journée à préparer des plats de macaroni que le prêtre mangeait aussitôt.

A huit heures du soir, la provision était épuisée et le voyageur avait encore faim. Pourtant il fut bien forcé d'arrêter là sa gloutonnerie et il se retira en remerciant beaucoup l'anachorète de sa grande complaisance.

Ce dernier fort intrigué se mit à suivre son hôte et le vit entrer dans une chapelle où l'on adorait une statue en pierre de Jiso, le dieu qui sauve les âmes. Il entra aussi dans le sanctuaire et n'y trouva personne. La statue était à sa place habituelle, représentant selon l'usage le dieu couvert du vêtement de prêtre bouddhique, et le solitaire en conclut qu'il avait eu pour visiteur le Jiso de pierre qu'un violent appétit avait attiré chez lui.

Mais qu'était devenue cette énorme quantité de macaroni absorbée par le dieu?

En s'en retournant notre saint homme eut l'explication du phénomène, car il trouva le chemin semé de paquets de macaroni pétrifié dont la vallée est encore pleine à l'heure qu'il est.

Cette anecdote veut-elle dire que Jiso, le dieu auquel on fait le plus d'offrandes, est toujours insatiable, ou veut-elle simplement expliquer la formation de ces pierres vermiculées qu'on rencontre dans les chemins de Nikko?

Quoi qu'il en soit, on peut voir que, même au point de vue scientifique, les histoires religieuses de ce pays ne sont pas à dédaigner.

La légende de la flèche d'Oohiroumé-moutchi-no-mikoto nous indique une importante station préhistorique et le miracle du Jiso glouton détermine une curieuse formation géologique.

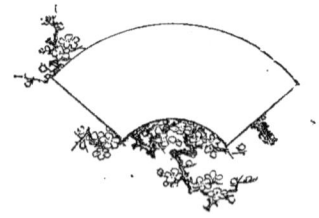

XXXV

TEMPLES ET FORÊTS

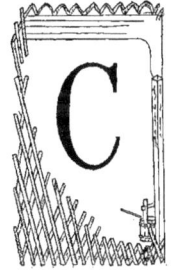E n'est pas sur le pont laqué de rouge garni d'armatures dorées que nous traversons le torrent qui nous sépare de la montagne sainte. Ce pont ne sert qu'une fois par an pour donner passage à la grande procession qui accompagne le grand prêtre shintoïste au moment où il va lancer la flèche miraculeuse.

Tout à côté est un autre pont beaucoup plus modeste qui est à l'usage des simples mortels comme nous.

Au bout du pont, nous sommes en pleine forêt; des arbres énormes se dressent devant nous et s'étagent en suivant les replis de la montagne. A gauche, une splendide avenue d'arbres verts monte en tournant; de larges marches placées de distance en distance facilitent l'ascension. Deux bonzes vêtus de kimonos jaune pâle gravissent le chemin, l'un est porteur d'un immense parasol; un coup de soleil à travers les arbres et le tableau est tout fait.

Autre tableau : c'est un cortège qui descend; une princesse vient de faire un pèlerinage à Nikko ; elle s'avance avec sa suite ; les femmes sont accroupies dans le léger kangoo de bambou et portée chacune par deux hommes aux vêtements relevés et flottants. C'est, nous dit-on, la princesse Nabéshima dont les ancêtres ont souvent fait d'importantes donations aux temples de la montagne.

En face du pont sacré est une petite chapelle shïntoïste caractérisée par son petit arc de triomphe en bois, mais qui a néanmoins reçu des hommages bouddhiques comme le prouve les deux lions de pierre, emblème de la race des Sakia. Cette chapelle est dédiée au dragon du torrent et, je ne sais pourquoi, on y dépose en ex-votos des éventails démontés, privés de leur goupille centrale.

Des enfants jouent sur les marches de ce petit sanctuaire.

Nous montons l'avenue tournante qui se déroule majestueusement sur les flancs de la montagne et nous arrivons à une autre avenue toute droite, d'une grande largeur et bordée de berges en granit.

Sur la droite est l'habitation de l'évêque bouddhique. Puis une colonne de fer creux, renfermant les principaux livres religieux qui parlent de la transmigration des âmes et des moyens de s'en affranchir. Cette colonne élevée en 1638 par Tenkaï de la secte Ten-daï n'a pas la prétention d'être une bibliothèque commode à consulter, elle est destinée, comme beaucoup d'objets saints du bouddhisme, à tenir lieu d'une lecture longue et compliquée. En effet, il suffit d'entendre le bruit des clochettes d'or qui l'ornent, ou d'en faire le tour, ou de marcher dans son ombre pour être du coup affranchi d'une quantité de migrations pénibles. Même les animaux qui passent auprès, les oiseaux dont le vol l'entoure ou les êtres qui respirent le vent qui a touché la colonne sainte sont délivrés à jamais de la vie des trois mondes inférieurs.

1° *Gigokou* ou enfer proprement dit.

2° *Gaki* ou monde des êtres souffrant d'une faim permanente.

Cette chapelle est dédiée au dragon du torrent. (Page 230.)

3° *Tchikoushoo* ou monde spécial des animaux.

Ainsi voilà une hirondelle qui effleure en volant la colonne aux clochettes d'or, et nous sommes assurés que, après sa mort, le gracieux volatile deviendra un être humain. Qui sait? Peut-être une de ces Anglaises à l'humeur voyageuse, qui reviendra, la lorgnette en sautoir, s'étonner des choses bouddhiques qu'on trouve à Nikko.

En attendant, la visite

des touristes est prévue par une *notice* en anglais de fantaisie et un *aviss* en français international.

> Notice
> All persons are p-
> rohibited from entering t-
> he temple grounds on ho-
> rseback or in carriages
> From catching birds
> and fishes on these pre-
> mises
> From cutting any of
> the bamboos or trees of
> any kind. Kiobusho.

> AVISS
> Il est défendu
> entrer dans l'en-
> ceinte du Temple à cheval
> ou en voiture.
> D'attraper dans cette
> enceinte oiseaux ou pois-
> son Kiobusho

A l'entrée du temple principal, il y a une vaste place entourée d'avenues en étoile comme à Versailles. Ces larges chemins percés à travers la futaie immense se perdent dans la forêt et laissent entrevoir çà et là les toits crochus des temples brillants et les tours chinoises dont les cinq étages superposés ne peuvent atteindre la moitié des grands arbres qui les abritent.

Après avoir passé sous un immense tori-i en pierre, nous entrons dans une première cour.

Quelques marches nous amènent dans une seconde cour entourée d'arbres colossaux et meublée de lanternes de pierre, dons que faisaient au tombeau d'Yeyas les grands seigneurs au moment où ils entraient en possession de leurs fiefs. Cet usage avait été établi par Yemitsou, le constructeur des beaux temples que nous allons voir. Ce Shiogoun se préoccupait beaucoup des rapports qui devaient exister entre lui et les seigneurs ; ainsi sa malle de voyage était ornée des armoiries de tous les nobles du Japon : à côté de chaque *mon* était écrit en petits caractères la distance de la seigneurie à la capitale et la quantité de riz que produisait le domaine féodal. De cette manière le shiogoun ne pouvait s'habiller, lorsqu'il parcourait le pays, sans être parfaitement au courant des ressources des grands qui l'entouraient et des facilités qu'il pouvait avoir à faire rentrer les impôts. Cette fameuse malle existe encore : « — Elle doit être à nous ! » comme dit Bilboquet ; car elle fait partie de notre collection.

La cour se termine par des balustrades de pierre qui dominent les profondeurs.

On monte encore et l'on s'engage dans une succession de cours, de terrasses, de jardins, de temples et de futaies, superpositions indéfinies qui vous ménagent  une surprise à chaque pas et vous font passer par un crescendo de beautés accumulées, par une savante combinaison des splendeurs de la nature et des chefs-d'œuvres des architectes japonais.

A travers cet entassement de merveilles, le visiteur éprouve une sorte de vertige, il y a un moment où l'on se demande quand va finir la série des étonnements, quand va finir la série des ascensions ; il semble que c'est au ciel que tout cela va aboutir et les pèlerins impressionnés peuvent de bonne foi se croire en route pour le paradis.

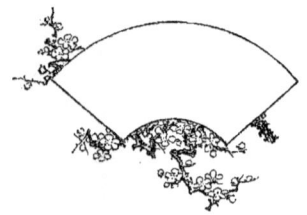

XXXVI

LE TOMBEAU D'YEYAS

Pour construire le grand temple on a fait dans la montagne une immense entaille rectangulaire. On a soutenu les terrains par trois énormes murs en granit, construits comme les murs pélasgiques avec de grands blocs irréguliers. Et, tout en haut de ces murailles, se dresse la forêt colossale.

Le spectateur a donc la triple impression de la hauteur du temple doré, de la hauteur des murailles qui dominent la cime des toits et de la hauteur des arbres noirs trois fois séculaires, qui s'élancent dans le bleu du ciel.

L'intérieur du temple est d'une richesse inouïe ; mais cette richesse n'exclut pas ce goût irréprochable qui caractérise l'art japonais, même lorsqu'il semble faire abus de matières précieuses. Dans le monument même sont des sâlons où se mettaient en prière les envoyés impériaux à droite et les Daï-mios à gauche ; quelques marches de laque noire, qui descendent, conduisent au sanctuaire gardé par un rideau que nous ne pouvons franchir.

Un prêtre shintoïste vient à passer vêtu de couleurs sombres et coiffé de la petite mitre noire. Tous les pèlerins qui sont dans le temple se prosternent devant lui ; mais, pas plus que nous, il ne dépasse le rideau saint ; incliné devant les lourds glands de soie blanche et violette qui ornent la riche étoffe, il frappe dans ses mains deux fois et murmure une courte prière adressée à Yeyas, le dieu. C'est bien le culte augustal, tel que l'avaient imaginé les Romains ; l'empereur mort devenait dieu, on lui élevait des temples ; au Japon il suffisait d'être grand ministre, — et de mourir, — pour avoir ces honneurs. Quant au Mikado, il était dieu dès sa naissance.

Tout autour du grand temple sont de nombreuses constructions : des pavillons sacrés où des *niouraïs* en bois doré veillent sur les points cardinaux, de vastes réservoirs monolithes près desquels les donneuses d'eau bénite entretiennent la propreté des ténogouis pour s'essuyer les mains après les ablutions, de longues galeries en bois sculptés qui semblent supportées par des nuées où se jouent des vols d'oiseaux exécutés d'une manière ravissante, des frises représentant le zodiaque bouddhique, une porte en bois laqué reproduisant des scènes de la vie des philosophes chinois, et puis des chapelles shintoïstes, des salles de réception et un musée historique fort curieux.

On nous montre trois chapelles portatives qui servent dans les processions ; elles sont dédiées aux trois grands hommes du Japon, Yoritomo, Taïko, Yeyas.

La plupart des curiosités de Nikko datent de l'époque d'Yemitsou et l'on sent que les Hollandais qui avaient été autorisés à envoyer une ambassade jusqu'à la sainte montagne, ont contribué pour leur part à l'embellissement des temples. Sans parler des superbes chandeliers de fer forgé et des bois des Indes sculptés, je trouve un jeu de seize clochettes parfaitement accordées par demi-tons qui n'ont rien de commun avec les tonalités japonaises.

Mais nous n'avons pas encore vu le tombeau d'Yeyas. Pour y arriver, il faut monter encore. Un escalier orné des deux côtés de balustrades

de pierre escalade les escarpements, saute d'un rocher à l'autre et gravit à travers les grands arbres les pentes tourmentées. Une sorte de lichen vert et humide recouvre entièrement la pierre taillée à angles droits, et cette espèce d'échelle de mousse s'élance en zigzagant jusqu'à une petite plate-forme où se trouve le tombeau aux portes de bronze.

Devant le tombeau, au milieu d'un carré entouré de balustrades de de pierre, est une sorte de chapelle noir et or en bronze dans laquelle il n'y a qu'un *gohey* en papier blanc ; la forme particulière de ce monument symbolise les cinq éléments représentés par le carré, la boule, le cylindre, le losange, le triangle superposés les uns aux autres. Un brûle-parfums, un vase et une grue, le tout en bronze, complètent l'ornementation.

En se retournant pour descendre, on a sous ses pieds comme un océan de toits dorés d'où jaillissent des caps et des îlots de verdure formés par la cime des arbres qui ont l'air de contenir ces flots lumineux et mouvementés.

Nous descendons rapidement jusqu'au fond de la vallée qui est à droite du temple ; puis nous remontons sur l'autre versant pour visiter le temple consacré à Yemitsou.

Il est desservi par les bonzes.

L'un d'eux vêtu d'une ample robe de crêpe noir jetée sur ses vêtements jaunes, porte en plus une sorte d'étole en damas doré et multicolore. C'est lui qui nous offre de pénétrer dans le sanctuaire qui est d'une grande magnificence.

Pendant que, nous autres impies et barbares étrangers, foulons aux pieds ces chambres sacrées, nos djinkiris dont le groupe nous sert d'escorte, ne peuvent considérer l'intérieur qu'à travers les grillages dorés et ornementés qui servent de fenêtres.

Au centre une chapelle fermée contient le portrait du petit-fils d'Yeyas, le troisième Shiogoun de la dynastie Tokougava, Yemitsou lui-même. Je demande à le voir, mais le bonze, très complaisant d'ailleurs, me déclare que lui-même n'a pas le droit de le regarder.

Je me retire en le remerciant et, au moment où je vais franchir la porte et remettre mes bottines que j'ai religieusement quittées avant d'entrer, je vois le bonze tourner le dos au sanctuaire et se prosterner la face contre terre. Je me retourne pour voir ce que peut bien adorer ce prêtre démonstratif et j'apprends que je suis moi-même l'objet de ces hommages intempestifs. Je me dérobe de mon mieux à cette politesse qui

va jusqu'à l'idolâtrie et pendant que le brave homme, du haut des gradins sacrés, en est à son second prosternement, moi assis par terre, le dos tourné, je remets mes chaussures.

Décidément la mise en scène est manquée. On aurait dû me prévenir du cérémonial. Kondo me fait observer que, si j'avais des tabis et des guetas, j'aurais pu tout en saluant remonter sur mes souliers de bois. Allons! je vois qu'il faudra, une autre fois, faire des répétitions préalables.

Après avoir admiré un fort beau Foudo-sama, aux plis archaïques, qui domine une cascade, nous traversons le temple dédié à Yoritomo. On y a entassé des quantités de divinités, c'est comme un garde-meuble de dieux. Le shintoïsme envahissant a refoulé ici les représentations divines qui se trouvaient dans les temples d'Yeyas.

Je me promets de revenir étudier ce musée religieux. Pour le moment il faut aller déjeuner sans même avoir eu le temps de monter jusqu'aux trois sapins gigantesques qui couronnent la montagne.

C'est que ce ne sont pas des sapins ordinaires. Ce sont les plus grands qui existent au monde, et ils le savent. Chacun d'eux est protégé par un des trois dieux shintoïstes de Nikko, et, lorsqu'un visiteur ne trouve pas, en présence de ces doyens de la forêt, des formules admiratives suffisantes, il devient subitement fou et prophète.

Un des trois dieux s'empare de son corps et parle par sa bouche.

C'est ce qui est arrivé à Joorakou-in, jeune bonze de Kioto qui prétendit, devant les arbres divins, que, dans son pays, il en avait vu de bien plus beaux.

Aussitôt le voilà possédé. Il croit être la déesse Tagorihimé-no-mikoto elle-même et se met à proférer mille extravagances. Il ne fallut rien moins pour l'exorciser et chasser la déesse que le sacrifice du feu, c'est-à-dire l'incinération d'un bûcher construit sur un autel de gazon ; et encore fallut-il faire deux fois la cérémonie, car, la première fois, on avait négligé de bien nettoyer les morceaux de bois.

Du reste, ces faits étranges ne se sont pas passés dans des temps fort reculés, car le miracle eut lieu en 1852, ainsi que tout le monde peut le certifier.

Mais un prodige encore plus récent nous est raconté.

Il y a dans un hameau tout près de Nikko un certain Ishivara qui tient de ses pères le don de diriger les *tëngous* de la montagne, ces

Après avoir admiré un fort beau Foudo-sama aux plis archaïques,
qui domine une cascade...... (Page 242.)

bouddhas imparfaits, fruits secs du paradis. Plus puissants que les hommes, ce sont des dieux manqués; esprits grotesques, quoique supérieurs; êtres informes, armés néanmoins de pouvoirs surnaturels.

Aussi quand quelqu'un disparaît, quand un enfant s'égare ou une femme ne revient pas au logis, on va trouver Ishivara qui se charge, même sans récompense honnête, de retrouver l'être égaré.

Or, un pèlerin, homme bien connu à Yeddo, perdit son jeune fils dans la montagne de Nikko. Ishivara consulté répondit que l'enfant était déjà à Yeddo. Mais, pendant la visite du père, il se mit à pleuvoir et Ishivara lui offrit son parapluie.

— Et comment vous le rendre?

— Vous le mettrez sur le toit de votre maison et le tëngou qui a ramené votre fils rapportera le parapluie.

Le père retrouva son enfant chez lui, et le lendemain le parapluie placé sur la maison avait disparu, emporté par le complaisant tëngou.

Heureux Japon qui voit encore les dieux se mêler de ses affaires les plus intimes. Heureux peuple qui vit ainsi protégé par les êtres divins!

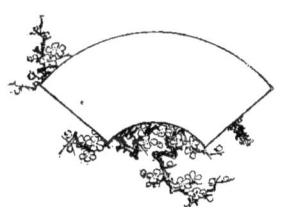

XXXVII

CHEZ LES BONZES

L'évêque de Nikko habite la capitale. Le clergé de la montagne sainte est dirigé par un second grand prêtre auquel nous allons rendre visite.

On nous fait d'abord attendre assez longtemps chez le concierge qui entreprend, pour se renseigner, une longue conversation avec les interprètes. Kédjiro s'est institué notre porte-parapluie ; il ne nous quitte plus d'un pas et nous accompagne de son rire incessant ; il place de temps à autre son mot dans la conversation, mais il n'a pas osé pénétrer dans la loge du concierge et parle à la cantonnade au pied des escaliers.

Enfin, nous faisant traverser des cours et des cuisines, on nous introduit dans un salon où l'on a dressé une table peu solide et des chaises branlantes.

Là nous attendons encore un assez long temps, mais nous nous con-

solons en admirant la superbe vue qu'on a sur le jardin de l'évêché et les montagnes pittoresques qui l'entourent.

Enfin le grand vicaire se présente. Il s'avance les yeux baissés, s'assoit à la table sans saluer et paraît attendre que nous commencions la conversation. Il est vêtu d'un surplis transparent violet recouvert d'une étole de damas violet ornée de roues blanches dans lesquelles on a figuré des croix latines. Sa tête est rasée et, dans ses doigts, s'agitent deux chapelets ; un brun à gros grains et un tout petit à perles blanches.

Kondo commence la litanie des compliments obligatoires. De temps en temps il incline la tête en avant et baisse la voix comme s'il était à bout de souffle ; c'est le suprême de la distinction quand on veut être très poli ; une aspiration dentale à chaque fin de phrase, la péroraison débitée d'une voix éteinte en frottant la table de son front, tout cela indique un homme qui sait son monde.

Le grand prêtre profite de chaque aspiration de Kondo pour pousser un « hé » approbatif qui sert de ponctuation au discours de son interlocuteur. A son tour il prend la parole et termine aussi d'un ton mourant, imperceptible en appuyant également sur la table son front rasé.

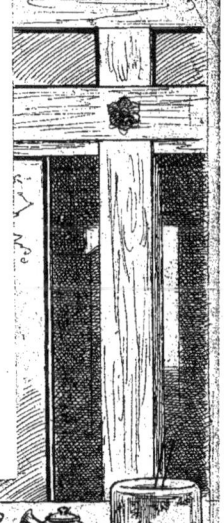

Les formules de politesses épuisées, la conversation s'engage. Ce prêtre savant veut bien me donner sur sa religion une quantité de renseignements dont j'étais loin de me douter après avoir lu pourtant ce qui a déjà été écrit sur le bouddhisme par les savants européens. Il est évident que, en passant à travers la Chine, les dogmes de Sakia Mouni se sont singulièrement modifiés. Du reste, il n'est ici question que de la secte Ten-daï, car chaque secte a des idées différentes, même sur les principes fondamentaux.

Le bonze m'offre d'envoyer demain matin un de ses docteurs pour m'expliquer les représentations religieuses que j'ai remarquées dans le temple d'Yoritomo, dédié aussi au deuxième Shiogoun, et, de plus, il m'invite à une grande cérémonie qu'il organisera en l'honneur de ma visite, dans le même temple, demain dans l'après-midi.

Je n'ai pas besoin de dire combien je suis ravi.

Pour mettre le comble à sa complaisance, il me mène dans sa petite chapelle et m'explique le sens et l'usage de tous les objets qui servent au culte.

Après quoi il envoie chercher dans sa bibliothèque des peintures anciennes et des livres précieux.

On déroule sur la natte d'un des salons un immense kakemono représentant Amida entre Quanon et Seïsi. Tout autour sont peints les enfers, tous les degrés de béatitudes et d'infortunes par où peuvent passer les âmes.

Pour faire le savant, je parle du *Nirvana* dont le prêtre n'a jamais entendu parler, vu que le paradis de sa secte s'appelle *Saï-ho-go-kou-ra-kou-djo-do* et non le Nirvana.

Mais serait-ce le Bouddha lui-même qui, descendu du ciel, vient élucider la question? Quel est ce grand jeune homme à la démarche noble? Sa tête rasée et son grand surplis de mousseline noire nous indique qu'il est prêtre, mais la blancheur de son teint, la beauté de sa figure font presque croire à l'apparition d'un être surnaturel. Un éventail bleu de ciel à moitié fermé est fixé dans sa poitrine au croisement de sa robe assez ouverte à cause de la chaleur.

Il s'accroupit sur la natte devant le grand tableau et, noyé dans les vastes plis de sa robe à larges manches, il s'incline et salue; puis, pour se donner une contenance, il déploie son éventail qu'il agite vivement. Comme il se sent regardé, il se met à rougir; à travers sa peau transparente, on voit le sang monter de la poitrine au cou et du cou au front.

Nous demandons asile à un cultivateur dont la femme nous offre du thé. (Page 253.)

C'est le disciple du grand prêtre.

Il admire avec nous les précieux manuscrits, car il ne les a jamais vus de sa vie. Il a fallu l'occasion de notre visite pour lui dévoiler les richesses du temple qu'il habite.

Après force politesses, nous prenons congé de l'aimable grand prêtre qui nous accompagne jusqu'au perron de son habitation, du haut duquel il se prosterne pour nous saluer. Cette fois j'ai été prévenu ; ce n'est qu'après avoir rendu salutation pour salutation et avoir vu le bonze s'éclipser dans ses appartements, que je me hasarde à remettre mes chaussures.

En sortant de l'évêché, nous nous dirigeons du côté de ces belles vallées que nous avons aperçues du salon du grand prêtre, mais à peine sommes-nous engagés dans la campagne, la pluie se met à tomber et nous demandons asile à un cultivateur dont la femme nous offre du thé.

Ce paysan est un ancien officier militaire ruiné par la réforme. Il se console en faisant de l'agriculture et en utilisant pour l'amélioration du sol des bras qui ne peuvent plus servir à le défendre.

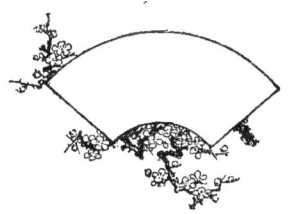

XXXVIII

OU L'ON CAUSE UN PEU

Ce matin, la pluie a cessé; le ciel se dégage et de la fenêtre de l'hôtel, nous pouvons admirer le payage alpestre qui nous entoure. Quelques vapeurs blanches poussées par le vent rasent la cime des montagnes. Tout près du jardin, le torrent rugit dans les rochers.

Singulier jardin du reste. Les arbres taillés d'une manière étrange sont comme une parodie des beaux paysages japonais. Ce pittoresque de convention, idéal des jardiniers chinois, paraît ridiculeusement exigu devant la vraie nature.

Tout en regardant, nous assistons au départ de la princesse Nabeshima qui loge dans le même hôtel que nous.

Une sorte de majordome fort laid, étriqué dans ses habits européens préside aux préparatifs du voyage.

La princesse, assez âgée, a les cheveux tombant sur les épaules selon l'antique mode des dames de la cour de Kioto.

Onze femmes et deux hommes prennent des kangos et le cortège s'ébranle, se déroule et s'éloigne.

Mais il faut aller au rendez-vous qui nous a été donné par les prêtres. Nous traversons de nouveau les forêts et les avenues.

Le parc sacré est fort bien entretenu. Des escouades d'hommes et de femmes accroupies arrachent les mauvaises herbes. Les cours et les allées sont irréprochables.

L'eau qui chante partout lave et fait briller les dalles de granit.

Au temple, c'est un jeune bonze fort intelligent qui nous reçoit. Le docteur promis est tenu en réserve ; il nous attend dans la sacristie et interviendra quand le jeune néophyte aura expédié le menu fretin des explications.

En effet, après avoir très obligeamment répondu à toutes mes demandes, notre cicerone s'arrête court dans ses démonstrations lorsque je lui demande le sens des gestes que les dieux font avec leurs doigts. Il

Le jardin de l'hôtel.

y a là toute une dactylolalie qui m'intrigue depuis longtemps et dont j'espère enfin dévoiler le mystère.

— Je n'ai pas le droit de savoir ce que vous demandez, me répond le jeune bonze.

Mais il va chercher le vieux docteur qui a mis, pour la circonstance, un surplis de mousseline écarlate retenu sur la poitrine par un large anneau d'ivoire.

Le prêtre m'apprend d'abord que l'homme le plus savant sur ces matières est un vieillard qui habite Nagoya sur la route de Kioto. J'en prends note sur mes tablettes.

Puis, il m'explique que chaque doigt de la main représente un élément; que, par exemple, quand un dieu lève l'index et le médius, comme nos évêques donnant la bénédiction, cela indique un des gestes les plus puissants, parce que c'est la réunion de l'air et du feu. Car le pouce représente l'espace ; l'index, l'air ; le médius, le feu ; l'annulaire, l'eau ; et l'auriculaire, la terre. Quelquefois le pouce signifie la terre et l'on suit l'ordre inverse.

Durant une heure, le complaisant docteur me donne les explications

les plus détaillées. Nous nous asseyons sur la natte du temple ; on nous apporte le thé et des pipes et, pendant que nous causons en fumant et buvant comme dans un estaminet, des prêtres font leur service autour du sanctuaire, des pèlerins se font montrer les reliques et se prosternent.

C'est dans l'après-midi qu'eut lieu la grande cérémonie à laquelle le second grand prêtre nous avait invités.

En arrivant par la grande avenue de cryptomerias, je vois qu'une certaine agitation règne sous les galeries extérieures du temple.

Tout le clergé bouddhique de Nikko est sur pied, en grand costume. La plupart des bonzes sont vêtus d'un surplis de gaze noire à travers lequel on devine leur vêtement clair. Par-dessus le tout, ils portent cet ornement en damas de couleur vive (*kessa*) que j'appelle étole faute d'autre mot, sorte de large tablier faisant presque le tour du corps et retenu par une écharpe qui passe sur l'épaule gauche, contrairement au manteau isiaque qui était supporté par l'épaule droite; des rondelles blanches sont brochées sur ces vêtements de soie et le dessin que je trouve le plus souvent reproduit est la croix dans le disque comme sur les étoles de la primitive Église catholique.

Quelques dignitaires ont des surplis de gaze jaune, rouge ou verte.

Tous les prêtres ont un éventail.

Le grand prêtre nous attendait dans l'avenue, malgré une petite pluie fine ; et, quand il nous salue en se mettant de côté, — car les dieux seuls sont salués de face, —

son parapluie sombre fait autour de sa tête blanche et rasée une auréole de bon augure pour les paradis qui lui sont réservés.

Mais il nous quitte pour se rendre au temple dédié à la fois à Yoritomo et au second Shiogoun, le père d'Yemitsou. Un serviteur laïque nous fait entrer dans le temple de Kishimodjin, la patronne des enfants. Ce temple communique avec l'autre par une galerie couverte peinte en rouge.

Après avoir ôté nos chaussures, nous pénétrons dans le vestibule où l'on a installé une table et des chaises, ce qui est comme on sait un grand luxe au Japon où l'on passe sa vie accroupi sur la natte.

Le grand vicaire vient de nouveau nous souhaiter la bienvenue. Cet homme est la politesse incarnée. De plus, il nous prie d'attendre un moment que tout soit prêt pour la cérémonie.

Ceci n'est qu'un gracieux prétexte pour nous faire accepter du thé et des gâteaux. Devant chacun de nous, on place une pile de friandises servies sur un double plateau de laque et posée sur une large feuille de papier.

La vue de ce cérémonial réjouit fort nos jeunes interprètes japonais. Il est, assurent-ils, de la plus stricte politesse de plier les gâteaux dans le papier et de les mettre dans sa poche. Aussi nos drogmans s'empressent-ils de se conformer aux rites, et, de crainte de quelque irrévérence de notre part, empochent leurs gâteaux et les nôtres.

Car il n'y a pas ici à plaisanter avec les usages, et la fête du *dîner forcé,* qui a lieu tous les ans, en est une preuve. On invite ce jour-là les grands seigneurs du pays à prendre part à un repas ; le maître de cérémonie armé d'un gros bâton menace les convives et leur enjoint d'avoir à accepter les mets qu'on leur offre sous peine de mériter le courroux des dieux et les coups de gourdin.

Est-ce à dire que le meilleur moyen de reconnaître les bienfaits de la divinité, c'est d'en profiter ?

Est-ce à dire que la politesse exagérée envers des convives peut amener à ces excès de violence ?

Il y a des pays où la politesse des invités étant de toujours refuser, la politesse des amphitryons est de se mettre en colère pour faire accepter.

Bref, de crainte des coups de bâton, les gâteaux ont disparu.

— Oui, mais, observe Kondo, il faudra donner des fleurs.

— Des fleurs? Et où les prendre?

— C'est-à-dire qu'il faudra donner de l'argent au sacristain.

— Ah, très bien. Toujours une formule pour dire les choses avec grâce et point trop crûment. Nous aurions dit un pourboire, vous dites des fleurs : nous sommes Français, vous êtes Japonais.

Eh quoi ! On tire le canon !

Un coup, deux coups, trois coups, une salve interminable. L'artillerie n'a rien à voir dans cette affaire. C'est un bonze qui frappe à coups redoublés sur un immense tambour, dont le son répercuté et renforcé par les montagnes boisées, est formidable. Le service va commencer ; nous allons assister aux vêpres bouddhiques.

Vêpres bouddhiques.

XXXIX

CE QUE C'EST QUE VESPRES BOUDDHIQUES

N diacre vient nous chercher et, nous menant processionnellement par les galeries extérieures des temples, nous fait enfin entrer dans le sanctuaire où tous les prêtres sont agenouillés, formant un carré devant l'autel.

Singulier signe des temps. Voici des Européens admis à des cérémonies auxquelles ne peuvent assister les Japonais qui ne sont ni prêtres, ni grands seigneurs ; voici des étrangers qui sont reçus avec tous les honneurs possibles dans les lieux mêmes où, il y a quelques années, leur présence eût été punie de mort.

Le prêtre officiant, couvert d'une large chasuble de damas rouge à fleurs, se place devant l'autel qui est tellement entouré de marchepieds et de tables d'offrandes que le digne homme semble être mis en cage.

Il commence un récit monotone avec quelques inflexions de voix montant en traînant comme si l'intonation tournait dans la gorge.

Puis, les bonzes reprennent en chœur, *chacun dans son ton.*

Mais cette sorte de mugissement chromatique et rythmé, produit par de nombreuses voix d'hommes, rappelle les grandes harmonies de la nature. Tantôt on reconnaît la plénitude et la vigueur du bruit de la mer, tantôt le chant plaintif et doux du vent dans les grands pins, tantôt le murmure agité et puissant d'un peuple assemblé. Ce n'est pas une prière, c'est un bruit d'êtres, un concert d'âmes, une harmonie venue des mondes extrahumains.

Chose curieuse : aucune dissonance ne blesse l'oreille. Par ce frôlement de notes voisines, il se forme des harmoniques qui renforcent la sonorité et donnent les vibrations des grosses cloches. C'est grandiose et mystique, c'est comme un océan qui adore; ce bruit ému et palpitant doit faire tressaillir l'âme de tous les bouddhas.

Quant à moi, j'en suis tout émotionné et fort surpris de ressentir une vive impression en présence d'un chaos de notes qu'on ne pourrait ni écrire, ni harmoniser.

Le drame religieux se déroule peu à peu. Les prosternements succèdent aux cantiques, les récits alternent avec les mouvements des prêtres autour de l'autel.

On ne peut pas bien voir ce que l'officiant fait, accroupi dans sa cage.

Des diacres apportent des plats d'or ajourés, ornés de gros glands de soie violets et blancs. Ces plats sont remplis de fleurs de chrysanthèmes jaunes, privées de leurs tiges.

Chaque plat est posé devant chaque bonze. Tous se lèvent et commencent une procession autour du sanctuaire. Chemin faisant, ils jettent sur le sol les fleurs jaunes qui s'éparpillent comme des constellations d'étoiles.

Ces plats brillants, ces marguerites d'or, jaillissant des mains des prêtres, ont quelque chose d'éclatant; dans l'ombre du temple, c'est comme des étincelles, et la procession sacrée semble faire une offrande de lumière.

Chacun reprend sa place, excepté l'officiant qui se met en avant des marchepieds et offre l'encens dans une cassolette à manche d'or.

Puis commence le chapelet sur la formule :

Na-mou-Amida-boutsou.

Je me consacre au bouddha Amida.

Chaque fois que la phrase se dit, un grain passe entre les doigts des prêtres et l'officiant donne un coup de marteau sur une petite cloche à son d'enclume.

Le mouvement d'abord lent et solennel va toujours en

s'accélérant, comme chez les derviches hurleurs. Il arrive vite un moment où les assistants ne peuvent plus prononcer; c'est un bredouillement sonore dont le rythme marqué par le timbre s'active de plus en plus.

Encore plus vite, toujours plus vite et chaque coup va droit au cœur d'Amida emportant le faisceau de prières esquissées par les prêtres. La rapidité d'une machine à coudre utilisée pour sauver les âmes.

Les chocs s'arrêtent subitement et le bourdonnement des versets cesse instantanément.

Cette précipitation dans la manière de dire le chapelet n'a pas pour

but d'en avoir fini plus tôt. Les bonzes ont assez le temps de réciter leurs prières et de les bien prononcer. Mais il s'agit de faire comprendre par l'encombrement des versets et des syllabes, combien est grand le nombre des êtres qu'il faut secourir. Les mots se précipitent sur les lèvres comme les âmes à l'entrée des paradis et la rapidité de la prononciation aide à la facilité de la délivrance.

Le jeune bonze d'hier se charge de donner le coup final sur le grand tambour, sans que sa figure douce et belle laisse apercevoir le moindre effort, il saisit le large tampon et, faisant voler ses vastes manches noires, il assène un coup vigoureux sur l'immense instrument qui mugit comme un monstre vaincu. Tel Sakia Mouni, calme et rêveur, terrassait du bout de son doigt les démons malfaisants, sans que sa physionomie indiquât rien de l'effort surhumain qu'il accomplissait.

Le lendemain je reçus la visite du grand prêtre. (Page 273.)

XL

HISTOIRE DU JEUNE CHARPENTIER

E lendemain, je reçus à l'hôtel la visite du grand prêtre.

Il m'interrogea beaucoup sur les religions de l'Europe. Il me dit que si je voulais faire à Lyon une chapelle bouddhique, il m'en donnerait le mobilier. Je n'ai pas refusé.

Comme je lui demandais pourquoi le bouddhisme s'était fusionné si facilement avec toutes les religions des peuples chez lesquels il s'était introduit, il me répondit :

— Le bouddhisme accepte dans les autres croyances tout ce qui est grand, moral et bien, car le bien est toujours inspiré par le sacré cœur de Bouddha. Nous trouvons souvent chez les autres plus de vérités que nous n'en apportons ; mais, répéta-t-il, tout ce qui est bien émane du sacré cœur de Bouddha.

A peine a-t-il pris congé, nous partons pour Tokio.

Le retour à la capitale s'effectue sans grands incidents. Nous retrouvons les mêmes paysages, nous traversons les mêmes villages, nous logeons aux mêmes hôtels.

Après Outsounomya, on nous montre l'endroit où eut lieu en 1634 un combat soutenu par Yémitsou qui faillit périr dans un guet-apens organisé par les partisans de son frère cadet, Tadanaga.

Yémitsou avait annoncé qu'il irait faire à Nikko un pèlerinage en l'honneur de son grand-père Yéyas.

On se préoccupa aussitôt de trouver le long de la route des logements dignes du haut personnage qu'il s'agissait de recevoir.

A Outsounomya on résolut de construire pour la circonstance un pavillon de repos capable de recevoir le grand ministre et sa suite.

Or, c'était justement dans les environs d'Outsounomya que le frère du Shiogoun, Tadanaga, s'était retiré après avoir échoué dans sa tentative de supplanter son frère auquel une intrigue de palais voulait enlever la succession d'Yéyas.

Tadanaga était devenu fou, presque furieux. Ses cruautés incessantes n'avaient pas empêché un certain nombre de partisans de suivre sa fortune, et ces fidèles, apprenant que Yémitsou devait passer près d'eux, organisèrent un complot contre la vie du Shiogoun.

Un jeune charpentier, nommé Rokou-Sabouro, avait été chargé de construire la chambre à coucher du grand ministre. Les partisans de Tadanaga vinrent trouver le jeune ouvrier et lui promirent une forte somme d'argent s'il voulait faire un plafond lourd et mobile qui, au moyen d'une goupille, pût subitement tomber et écraser le Shiogoun. Ils ajoutèrent que si Rokou-Sabouro refusait, ils le tueraient immédiatement.

Ce dernier argument eut d'autant plus de force aux yeux du jeune ouvrier, qu'il aimait passionnément Ossono, la fille de Tchionémon, l'officier même qui était chargé de l'installation du pavillon de repos.

Mourir quand on aime et que l'on est aimé, cela est fort pénible. Recevoir une forte dot au moment de se marier, c'est, au contraire très agréable.

Rokou-Sabouro promit donc aux conjurés de construire le plafond machiné.

Et, comme les amoureux sont généralement bavards, il alla au plus vite conter toute l'affaire à sa bien-aimée.

Le père de la jeune fille se trouvait justement dans la chambre voisine. A travers la muraille de papier, il entendit tout et resta consterné des horreurs qui se préparaient.

Sans faire aucun reproche à son futur gendre et à sa fille, il donna l'ordre à ses serviteurs de leur attacher les mains avec des cordelettes et de les surveiller.

Puis, il alla avertir le Shiogoun qui faisait en toute tranquillité son entrée dans la ville.

Yémitsou s'arrêta net et rebroussa chemin du côté d'Yeddo. L'heure était avancée et l'obscurité envahissait le chemin bordé de sombres *matsous*. Les conjurés en profitèrent pour couper au plus court à travers champs et aller s'embusquer à la sortie de la ville derrière des groupes de bosquets de bambous.

Le cortège shiogounal rebroussait chemin en silence. La solitude était complète, comme il convient, lorsque voyage un grand seigneur. Au loin les cloches des temples appelaient les bonzes à la prière du soir.

Tout d'un coup un homme apparut sur la route et tua un des soldats du cortège. Aussitôt, de tous côtés, les conjurés se précipitèrent le sabre nu. La mêlée fut terrible comme toute mêlée japonaise. Yémitsou lui-même défendit sa vie avec fureur; mais il n'obtint la victoire que grâce au concours énergique d'un certain Ishikava, qui est resté célèbre par sa force herculéenne, et qui fit des conjurés un carnage épouvantable.

Pendant ce temps, la belle Ossono s'était fait détacher par ses servantes, elle avait à son tour rendu la liberté à son amant, afin qu'il puisse au plus tôt faire fonctionner le plafond homicide.

Tchionémon qui avait averti le Shiogoun sans dire que son futur gendre était compromis dans l'affaire, fut au désespoir quand il apprit que sa malheureuse fille avait tout compromis.

Il comprit qu'il se trouvait dans une de ces situations délicates et embarrassantes où un homme n'a plus qu'à s'ouvrir le ventre.

Il écrivit une belle lettre aux officiers du Shiogoun pour leur expliquer que l'amour avait égaré le jeune charpentier et les prier d'épargner son gendre en considération du suicide qu'il allait accomplir.

Il écrivit aussi à sa fille pour l'engager à ne pas trop s'affliger. Puis il se rendit à l'hôtel des officiers, juste au moment où Rokou-Sabouro

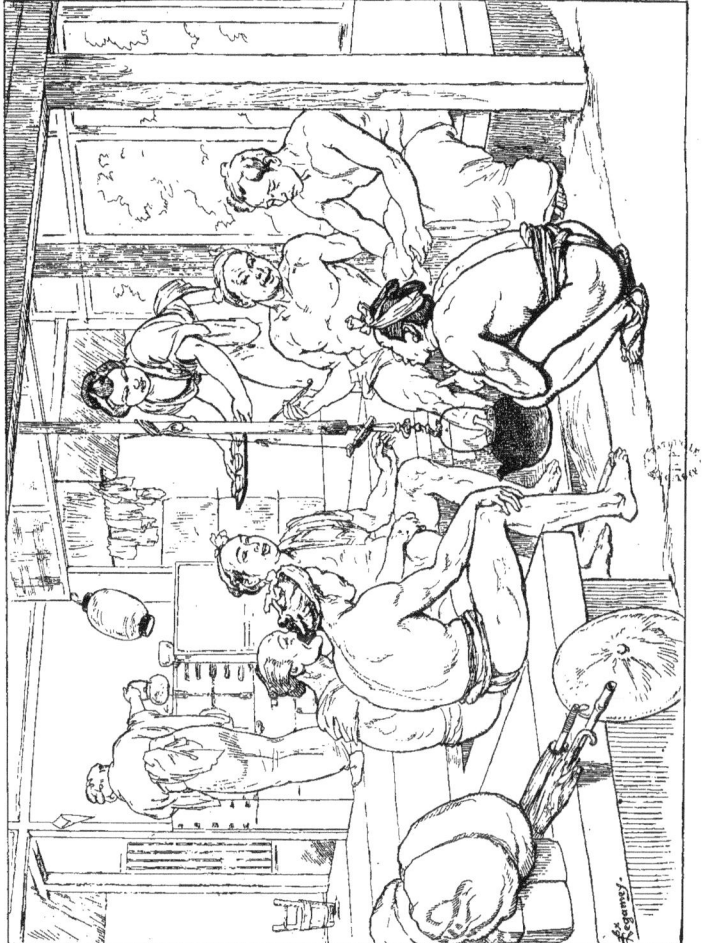

Les djinrikis ont soin à chaque halte de faire chauffer au bain-marie la petite bouteille de saké. (Page 284).

arrêté subissait un interrogatoire. Les choses s'arrangèrent pour le mieux. On promit à Tchionémon que, puisqu'il allait s'ouvrir le ventre, on ferait grâce au jeune homme. Alors l'excellent père sortit de sa poitrine la lame dont il avait enlevé la poignée et la garde; elle était enveloppée d'étoffe et ne laissait briller que l'extrémité de la pointe, juste ce qu'il fallait pour fendre la peau sans atteindre les viscères. Puis, lorsque sa fille éplorée fut arrivée, après avoir fait ses recommandations à ses enfants, après avoir remercié les juges de le laisser mourir à la place du coupable, il procéda suivant les règles à un harakiri des plus distingués.

Quant au jeune charpentier, il passa avec la belle Ossono une existence pleine de douceur.

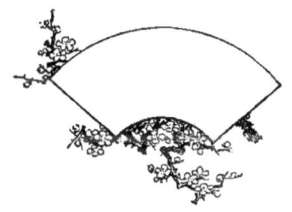

Deux femmes, dont l'une porte son enfant en sautoir, nous régalent d'une espèce de marche. (Page 283.)

XLI

LE RETOUR

ous revenons par un temps affreux. Des raffales passent à travers les grands arbres, tordent les branches et les cassent. La pluie tombe par masses comme des paquets de mer.

En vain on nous installe des bâches en papier huilé. La moindre déchirure organise des gouttières et la voiture est toute inondée.

Nos djinrikis ne rient plus. Les roues s'enfoncent dans la boue, le terrain est gras et glissant. Pourtant ils ne ralentissent pas leur vitesse ; à grand renfort de coups de reins et de cris sauvages, ils maintiennent leur trot rapide. Ils veulent arriver à la rivière Tané, avant que l'inondation la rende infranchissable.

Un courrier du gouvernement nous croise et crie, en passant, que dans quelques heures la traversée du Tané sera impossible.

Les djinrikis redoublent d'ardeur. Nous arrivons à temps.

La rivière roule des vagues énormes. On se précipite dans le bac et on coupe l'amarre. Le roulis s'empare du bâteau qui n'est dirigé que par un vieillard armé d'un bambou ; pourra-t-il nous tirer d'affaire au milieu de ces rapides ?

Parfaitement. A part quelques coups de lames, la traversée s'est fort bien exécutée. Et nos hommes reprennent leur allure comme si de rien n'était.

La route s'élance sur une digue qu'il faut suivre pendant un long parcours. Là il y a moins de boue, mais le vent devient terrible. C'est le typhon qui se révèle dans toute sa puissance. Nos frêles voitures seraient renversées vingt fois sans la vigueur et l'adresse des traîneurs qui luttent avec l'ouragan et marchent à travers la tempête.

Seulement, de même que les navires par les gros temps sont obligés de consommer plus de charbon, de même les djinrikis, pour réparer leurs forces, s'arrêtent plus fréquemment et ont soin, à chaque halte, de faire chauffer au bain-marie la petite bouteille de saké qui passe de main en main et remplit à la ronde les coupes de faïence.

Il en résulte que la gaieté revient peu à peu. Je commence même à trouver qu'elle revient trop. Je remarque dans notre armée des symptômes d'indicipline.

Le lendemain l'orage est calmé, il fait un temps splendide. Mais le saké est toujours chaudement fêté. Arriverons-nous sans encombre à Tokio ?

Nous retrouvons à Koshigaya les servantes aux tartines. Elles sont fières de nous apprendre qu'elles ont mangé la confiture et paraissent disposées à recommencer les expériences. Nous recevons ces nouvelles avec une joie bien vive, mais nous sommes pressés et coupons au plus court. D'autant que le saké fait de plus en plus son effet sur nos traîneurs qui pourraient bien nous abandonner.

Pendant la halte, un concert. Deux femmes, dont l'une porte son

.... Subitement le mouvement s'arrête pour laisser passer la châsse du dieu Shintoïste qui protège le quartier.
(Page 285).

enfant en sautoir, nous régalent d'une espèce de marche assez bien rythmée et vraiment très juste.

On nous fait observer que ces femmes sont de la campagne et n'ont aucun talent. C'est sans doute pour cela qu'elles ne jouent pas faux.

A mesure que nous approchons de la capitale, nos djinrikis se débandent. Notre retour ressemble à une déroute. Pourtant à force de crier et de se fâcher, nous parvenons à rassembler dans la grande rue d'Oueno les fragments épars de notre cortège et les apparences sont sauves jusqu'au grand pont de Nihon-bashi. Là nous trouvons une foule énorme ; c'est la fête du quartier. Au milieu de l'encombrement, d'autres djinrikis insultent les nôtres, qui plantent là voitures et voyageurs pour se jeter sur leurs interlocuteurs.

La mêlée devient sérieuse. Tshiouské n'a pas le saké endurant, il se livre à un pugilat animé. Kédjiro lance à droite et à gauche des coups de poings vigoureux qui font rouler les adversaires dans la poussière et, à chaque coup, il se prend les flancs et pouffe de rire.

Enfin on sépare les combattants et nous reprenons notre course à travers la grande rue de Ginza qui est sillonnée de voitures garnies de femmes en toilettes vives. Ce va-et-vient de petits équipages vous donne comme une réminiscence du boulevard des Capucines à l'heure du retour du bois ; les riches attelages sont remplacés par de grands gaillards qui poussent des cris aigus afin de faire écarter la foule qu'ils traversent à grande vitesse.

Mais subitement le mouvement s'arrête pour laisser passer la châsse du dieu shintoïste qui protège le quartier, ou plutôt le dais massif qui abrite un miroir métallique tout rond, emblème de pureté.

Le dais, fort lourd, est entraîné par une véritable foule de porteurs qui poussent des cris réguliers pour marcher ensemble. Ce naos doré qui s'avance au-dessus de la population comme une barque au-dessus des flots, rappelle les grandes *baaris* sacrées que, les jours de fête, les prêtres d'Isis promenaient sur leurs épaules.

Mais ici la gaieté domine le sentiment religieux. La dévotion a quelque chose d'alerte et de vif.

Ces femmes en toilettes, ces enfants armés de jouets, ces oriflammes déployées, ces apprêts d'illuminations, ces estrades de lutteurs suspendues dans les airs, cette animation des habitants, cette vélocité des voitures qui se croisent, tout, jusqu'à la rapidité avec laquelle passe la procession sacrée, donne ici à la joie une véhémence qu'on ne trouve qu'au Japon.

FIN

TABLE DES MATIÈRES

		Pages.
I.	Yeddo.	1
II.	Chemin de fer japonais.	7
III.	Les quarante-sept fidèles.	15
IV.	Comment on écrit l'histoire..... au théâtre.	25
V.	Ce qui prouve que tout le monde ne porte pas les mêmes lunettes.	29
VI.	A travers Tokio.	39
VII.	Oueno.	43
VIII.	Histoire de la belle patissière.	51
IX.	Ou le dragon montre la griffe.	55
X.	Chez un japonais.	59
XI.	Comment on fait sa prière.	67
XII.	Même sujet.	79
XIII.	Jiso.	87
XIV.	Foire bouddhique.	93
XV.	La mare de la vieille femme.	103
XVI.	Shiba.	111
XVII.	Les deux amants.	117
XVIII.	Ou l'on présente un autre couple.	123
XIX.	Ça se complique.	127
XX.	Le kandoo.	131

TABLE DES MATIÈRES.

		Pages.
XXI.	Clair de lune.	135
XXII.	Deux et deux font deux.	139
XXIII.	Restaurant de la lune et des fleurs.	143
XXIV.	Danses et festins.	151
XXV.	L'art au Japon.	159
XXVI.	L'hiéroglyphe.	165
XXVII.	Missions bouddhiques.	171
XXVIII.	Le genre gai.	173
XXIX.	Peintre et malfaiteur.	179
XXX.	Un duel.	187
XXXI.	Voyage au nord.	195
XXXII.	La route.	207
XXXIII.	Conséquences de l'émeute.	213
XXXIV.	Légendes sacrées.	223
XXXV.	Temples et forêts.	229
XXXVI.	Le tombeau d'Yeyas.	237
XXXVII.	Chez les bonzes.	247
XXXVIII.	Où l'on cause un peu.	255
XXXIX.	Ce que c'est que vespres bouddhiques.	267
XL.	Histoire du jeune charpentier.	273
XLI.	Le retour.	283

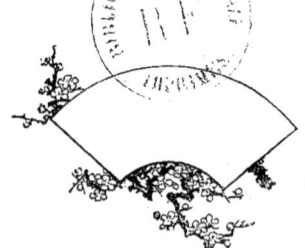

Paris. — Typ. G. Chamerot, 19, rue des Saints-Pères. — 7880

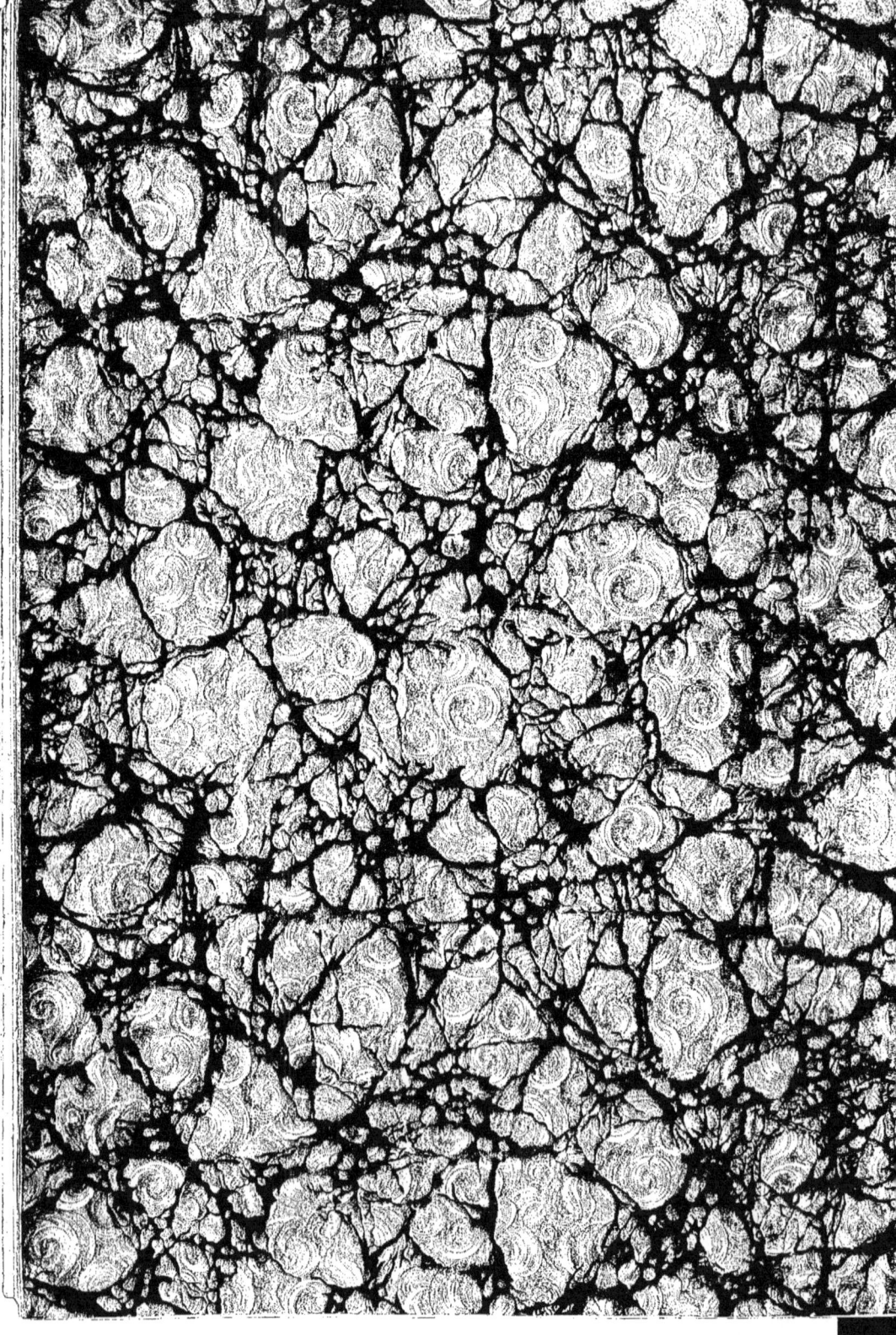

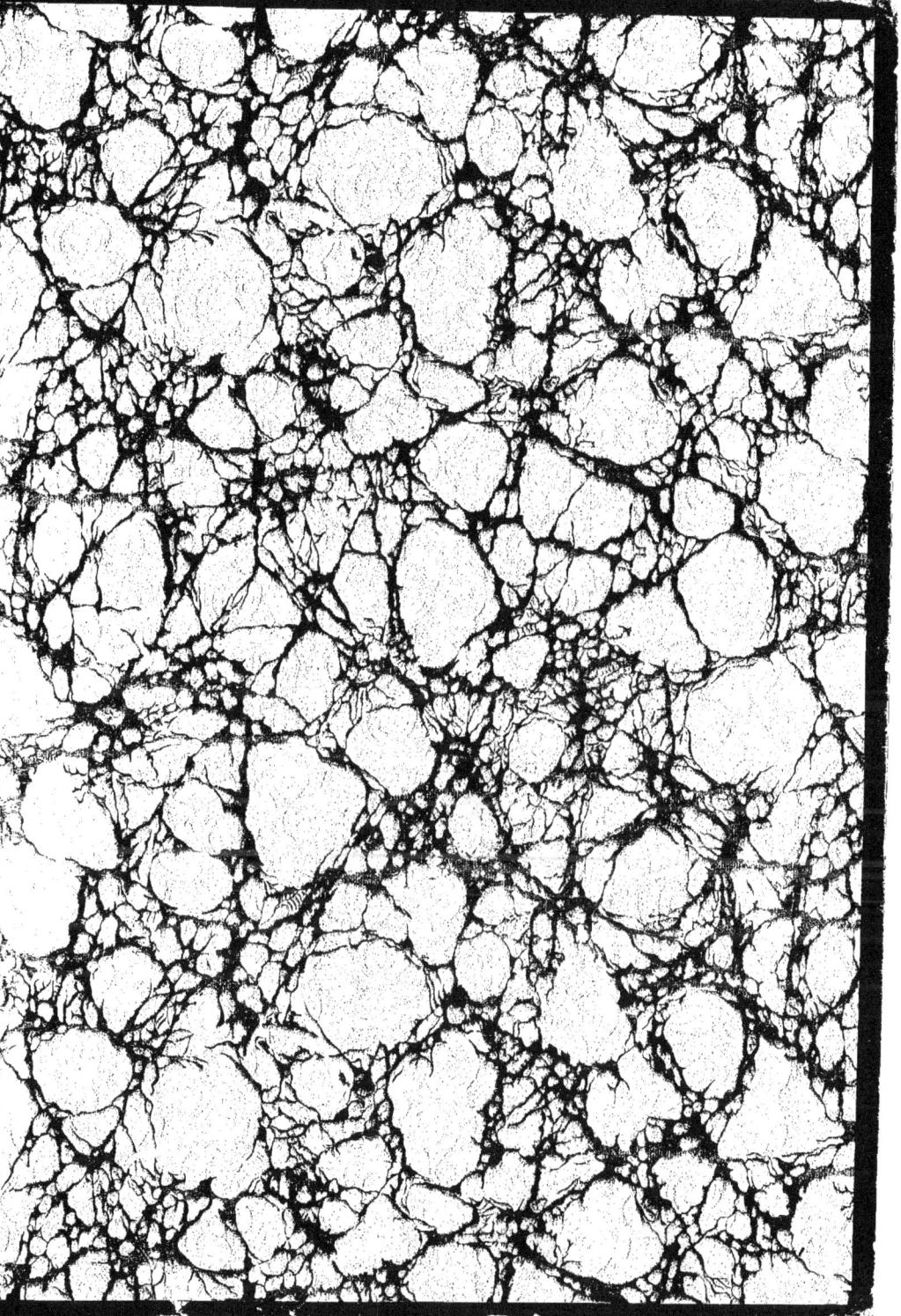

www.ingramcontent.com/pod-product-compliance
Lightning Source LLC
Chambersburg PA
CBHW070613160426
43194CB00009B/1263